Heinz-Dietrich Groß

Dom und Domhof Ratzeburg

Aufnahmen von Hans-Jürgen Wohlfahrt
4., veränderte Auflage

Karl Robert Langewiesche Nachfolger Hans Köster Königstein im Taunus

Carl Jacob, dem Leiter des Landesbauamtes Lübeck in den Jahren der Domrestaurierung, in Dankbarkeit gewidmet vom Verfasser.

Dieses BLAUE BUCH ist auf Anregung und unter Mithilfe des „Vereins der Freunde des Ratzeburger Domes" entstanden. Er hat gemeinsam mit der Domgemeinde zu Ratzeburg und unterstützt von Förderern aus der heimischen Wirtschaft und Verwaltung die Herausgabe ermöglicht. Ihnen sowie dem Vereinsvorsitzenden Bürgermeister a. D. Friedhelm Schöber sei an dieser Stelle Dank gesagt. – Den Einführungstext und die Bildunterschriften verfaßte Dr. Heinz-Dietrich Groß, Dompropst zu Ratzeburg. Soweit nicht anders angegeben, stammen die Fotos von Hans-Jürgen Wohlfahrt, Ratzeburg, die Zeichnungen der Karte und der Grundriß vom Domhof von Heinz Ibsch, Ratzeburg, der Grundriß des Doms von Frau I. Hildebrandt, Leiterin der Ratzeburger Paramentenwerkstatt. – Die Luftaufnahmen Seite 9 und Seite 27 wurden freigegeben unter den Nummern SH-520-352 und SH-24-204. Die Fotos für die Abbildungen der Seiten 37, 39, 42, 43, 47, 70, 71 unten stammen von Konrad Hauser, Ratzeburg, diejenigen für S. 24, 28, 32, 42, 47, 71 oben von J. Schilling, Lübeck.

Grabplatte
des ersten Bischofs Evermod. 1154–78

Bild auf Seite 1: Siegel des Domkapitels. 1282

Literaturhinweise:

G. M. C. Masch: Geschichte des Bistums Ratzeburg, Lübeck 1835 – Richard Haupt: Der Dom zu Ratzeburg, Baugeschichte und Beschreibung, in: Kunst und Geschichtsdenkmäler des Freistaates Mecklenburg-Strelitz Bd. II, bearbeitet von Georg Krüger, Neubrandenburg 1934 – Ferdinand v. Notz: Der Dom zu Ratzeburg, Ratzeburg 1932 – Der Dom zu Ratzeburg 1154–1954, herausgegeben von H. H. Schreiber, Ratzeburg 1954 – Alfred Kamphausen: Der Ratzeburger Dom, 2. Aufl., Heide 1966 – Kunsttopographie Schleswig-Holsteins, herausgegeben von Landeskonservator Hartwig Beseler, Neumünster 1969 – Carl Jacob: Der Ratzeburger Dom – Die ungeklärten Fälle; „Lauenburgische Heimat" Nr. 64, Ratzeburg 1969 – Dietrich Ellger: Der Ratzeburger Dom und die Frage nach der Farbigkeit romanischer Backsteinkirchen zwischen Niedersachsen und Seeland, Nordelbingen Bd. 39, Heide 1970 – Berichte des Landesamtes für Denkmalpflege Schleswig-Holstein in Beiträgen zur Kunst- und Kulturgeschichte „Nordelbingen", vor allem Bd. 38, Heide 1969.
Auf eine Reihe wichtiger Aufsätze zu Einzelfragen in weiteren Heften „Lauenburgische Heimat" wird hingewiesen.

ISBN 3-7845-3183-0

Dom und Domhof Ratzeburg

„Ein schöner goldblauer Sommertag, und wir fahren langsam über das Wasser auf die Nordspitze der Insel Ratzeburg zu, die seit mehr als einem Jahrtausend heiliges Gebiet ist. Denn gewiß stand hier einst, als der slawische Volksstamm der Polaben dieses Gebiet bewohnte, der Tempel der Göttin Siva, die sie vorzüglich verehrten, der Lieblichen, die sich zur Frühlingszeit in einen Kuckuck verwandelte und ihre wahrsagende Stimme durch die endlosen Wälder spielen ließ. Keine Spur ist von ihrem Heiligtum, ihrem Dienst, ihrem Volk geblieben; aber göttliche Freundlichkeit, mehr als göttliche Strenge und Macht, haben immer diese Stätte umgeben und ihr durch die Jahrtausende einen friedlichen Charakter gewahrt. Löwenhaft gelassen liegt der gelblich-rote Dom da, ein schlummernder Herrscher, im Mittagszauber erstarrt, ein wenig erhöht über den Dächern und Wipfeln. Sein Reich ist niemals sehr groß gewesen und mit der Zeit immer mehr eingeschrumpft, die Toten aber sind ihm geblieben, und er gewährt ihnen, die sich in seinem Schoß und zu seinen Füßen gebettet haben, heute und immerdar die ewige Ruhe."

Die Empfindungen, denen Ricarda Huch in ihrem Aufsatz über Ratzeburg in den Lebensbildern deutscher Städte „Im alten Reich" Ausdruck verleiht, bewegen uns auch heute noch, wenn wir vom Wasser her oder zu Lande uns dieser Stätte des Friedens nahen. Man hat das Gefühl, daß die Zeit hier stehen geblieben ist. Tiefe Beglückung erfüllt uns, daß es in unserer Welt noch solche Oasen der Stille gibt, an denen man tagsüber die Vögel singen und die Bienen summen hören kann, und an denen nachts die Sterne überm dunklen Land stehen. Daß es Räume gibt, in denen man noch beten kann, oder wenn man das Beten verlernt hat, das Stillewerden vor Gott wieder lernt. Hier ist heiliges Land von Anbeginn. Deshalb müssen wir, ehe wir die achthundertjährige Geschichte des Domes, dieses bedeutendsten Denkmals des romanischen Backsteinbaus im Norden näher betrachten, in die Frühzeit der Geschichte der Insel Ratzeburg zurückgehen.

GESCHICHTE DES LANDES

Wie kam es zum Bau des Domes an dieser Stelle? Nach der Völkerwanderung saßen in dem Gebiet bis zur Elbe und darüber hinaus im südöstlichen Holstein die Wenden, jene volkreichen Stämme, die sich bis weit in den Osten hin ausdehnten. An ihrer Westgrenze stießen sie an die deutschen Stämme, die ihnen an Kräften weit überlegen waren. Seit Karl dem Großen war die Völkergrenze zugleich auch Grenze zwischen Heiden- und Christentum. Sie war gekennzeichnet durch den Limes Saxoniae, der sich als breiter Ödlandstreifen von der Elbe durch das lauenburgische Land bis nach Kiel hin zog. Der bekannteste Stamm der Wenden im Nordosten waren die Obotriten im heutigen Mecklenburg. Südwestlich davon, im Raum Ratzeburg, saßen die Polaben, die hier unter ihrem Fürsten Ratibor eine Burg mit einem Ringwall, die Racisburg, gebaut hatten. Auf dem höchsten Punkt der Insel im Ratzeburger See stand ihr Heiligtum, die Opferstätte der Göttin Siva. Man deutet den Namen Palmberg, den großen baumbestandenen Platz vor dem Dom, als den „Polabenberg". Sicher stand auf diesem Berg kein Tempel, wie Ricarda Huch es annimmt, wohl aber ein Altar, den man der Göttin unter den Wipfeln der alten Bäume errichtet hatte.

Die Geschichte der Wenden ist die einer dauernden kriegerischen Auseinandersetzung mit den deutschen Stämmen. Unter den sächsischen Kaisern begann man das Land im Osten zu kolonisieren und zu missionieren. Im großen Slawenaufstand von 983 brach das begonnene Werk zusammen. 100 Jahre später unter den salischen Kaisern wird die Eroberung des Ostens wieder aufgenommen. Der Hamburger Erzbischof Adalbert von Bremen, einer der bedeutendsten Fürsten seiner Zeit, greift den alten Missionsauftrag seines Bistums voller Energie wieder auf. Er wollte im Norden ein mächtiges Patriarchat mit einer Reihe von Suffraganbistümern errichten, das Norddeutschland, Skandinavien und das ganze Slawenland umfassen sollte. Der Wendenfürst Gottschalk, der die Taufe empfangen hatte, kommt ihm zur Hilfe. Er will die wendischen Stämme zwischen Trave und Peene in einem großen christlichen Reich zusammenfassen. In diesen Jahren erneuert Adalbert im südöstlichen Holstein das alte wagrische Bistum Oldenburg und begründet die Wendenbistümer Mecklenburg und Ratzeburg. Damals entstand das älteste Gotteshaus Ratzeburgs, die Kirche auf

ANSVERUSKREUZ BEI EINHAUS. Mitte 15. Jh.

dem St. Georgsberg, und das dortige Benediktinerkloster, dem der schleswiger Rittersohn Ansverus als Abt vorstand. 1062 schenkt der junge König Heinrich IV. dem Billunger Herzog Ordulf die slawische Burg Ratzeburg. Aus der Schenkungsurkunde geht hervor, daß zu jener Zeit das Bistum zwar geplant, aber noch nicht gegründet war. Zu seinem Hirten hatte Adalbert von Bremen einen Kanoniker aus Jerusalem, Aristo, einen Griechen, vorgesehen. Dieser aber hat sein Amt wohl niemals angetreten. Denn 1066 wird Adalbert von Bremen von seinen Gegnern gestürzt. Die Wenden erheben sich in einem blutigen Aufstand gegen Gottschalk. Er wird am 14. Juni in der Kirche von Lenzen erschlagen. Vier Wochen später stehen die Heere der Aufständischen vor Ratzeburg. Am 15. Juli 1066 findet der Abt vom St. Georgsberg, Ansverus, mit 18 seiner Mitbrüder den Tod. Er wird auf den Höhen über dem Ratzeburger See begraben, wahrscheinlich an der Stelle, wo heute das Ansveruskreuz bei Einhaus steht. Es ist ein Radkreuz aus gotländischem Kalkstein des 15. Jh., auf dem ein Geistlicher vor dem Gekreuzigten kniet, darunter ein Wappen. Vielleicht war es ein Sühnekreuz für einen erschlagenen Domherrn. Es wurde aber von jeher Ansveruskreuz genannt, und der Ort, auf dem es steht, als Stätte des Martyriums Ansvers und seiner Gefährten angesehen. Die Gebeine des schon frühzeitig Heiliggesprochenen wurden 100 Jahre später im Dom beigesetzt. Neben die heilige Jungfrau und den Jünger Johannes, denen der Dom geweiht war, tritt als dritter Patron der heilige Ansver, auf den die Bischöfe ihren Eid ablegten. Im Lauf des Mittelalters führten große Wallfahrten zu seinem Grab. Noch in der ersten evangelischen lauenburgischen Kirchenordnung von 1585 wird bestimmt, daß des Märtyrers am Sonntag nach seinem Todestag mit einem Tedeum gedacht werden solle. Und bis zum heutigen Tag halten katholische und evangelische Gemeinden im lauenburgischen Land Gedenkgottesdienste an den Blutzeugen der ungeteilten Christenheit. Am 15. Juli 1966, seinem 900. Todestag, wurde der Dom nach langer Restaurierung feierlich wieder eingeweiht.

Mit dem Wendenaufstand 1066 ist das Werk der Mission im nordöstlichen Deutschland weitgehend zerstört. Es dauert ein Menschenalter, bis der letzte Billunger Herzog Magnus 1093 in der Schlacht bei Schmilau unweit Ratzeburgs die alte Grenze wieder erreicht und festigt. Und wiederum vergeht ein halbes Jahrhundert, bis in der Zeit Lothars von Supplinburg und der Stauferkaiser der kraftvolle Sachsenherzog Heinrich der Löwe diese Lande seinem Herzogtum zuordnet und das Werk der Kolonisation und Mission weit in den Osten hinein vorträgt.

GESCHICHTE DES BISTUMS RATZEBURG VON 1154–1648

Wir treten ein in die große Zeit des hohen deutschen Mittelalters. Es ist die Zeit Barbarossas und seines Sohnes Heinrich VI., unter dem das deutsche Reich seine größte Ausdehnung in Europa hatte, die Zeit des genialen Friedrich II., des ersten modern denkenden und regierenden Fürsten der Neuzeit. Es ist die Zeit der Kreuzzüge, in der sich die europäischen Völker zusammenschließen, um das Heilige Grab zurückzuerobern, und in der sie der hohen Kultur des Islams begegnen, die Zeit des Nibelungenliedes und Wolframs „Parzifal". Vor allem aber die Zeit, in der über ganz Europa hin die gewaltigen Schöpfungen der romanischen Dome entstehen. In dieser Hoch-Zeit des Mittelalters, im ausgehenden 12. Jh., wird der Dom zu Ratzeburg erbaut. Glückliche Umstände haben

ihn, wenig verändert und nicht zerstört durch Kriege, in einer Form erhalten, vor der wir Menschen des 20. Jh. ehrfürchtig und bewundernd stehen.
Die Neugründung des Bistums ist aufs engste mit der Persönlichkeit Heinrichs des Löwen verbunden. Er hatte, kaum dem Knabenalter entwachsen, 1143 die Grafschaft Ratzeburg errichtet und sie an Heinrich von Badewide übertragen. Nach dem sogenannten Wendenkreuzzug von 1147 waren die Voraussetzungen für eine Christianisierung des Polaben- und Obotritenlandes gegeben. Der Hamburger Erzbischof Hartwig von Bremen begründet 1149 von neuem die alten wendischen Bistümer Oldenburg (später Lübeck), Mecklenburg (später Schwerin) und Ratzeburg. Da aber der Herzog die Investitur der Bischöfe in seinem Gebiet verlangt, kommt es noch nicht zur offiziellen Besetzung des Ratzeburger Bischofssitzes. Erst 1154 auf dem Reichstag zu Goslar, zwei Jahre nach dem Regierungsantritt Barbarossas, überträgt der Kaiser sein Recht der Investitur, das seit dem Wormser Konkordat dem deutschen König zusteht, im Gebiet der wendischen Grenzmarken seinem Vetter Heinrich. Dieser setzt noch im selben Jahr als ersten Bischof von Ratzeburg den Belgier Evermod von Cambrai, Probst des Prämonstratenserstiftes St. Marien in Magdeburg, in sein Amt ein. 1158 bestätigt Papst Hadrian IV. das Bistum. Graf Heinrich von Badewide überläßt dem Bischof die „Insel bei der Burg" zum Bau einer Kirche. Das Bistum wird vom Herzog mit 300 Hufen Land ausgestattet. Es ist ungefähr das Gebiet des heutigen mecklenburgischen Kreises Schönberg mit dem Teil, der seit 1945 zur Bundesrepublik gehört.
An die Zeit der Gründung erinnert eine der ältesten Steinurkunden unseres Landes, der sogenannte Heinrichstein am südwestlichen Eingang zum Domhof, der in der Übersetzung aus dem Lateinischen folgende Inschrift trägt: „Zu Zeiten König Konrads und Heinrichs, Herzog von Sachsen, kam Heinrich, Graf von Ratzeburg, und richtete hier erstlich das Christentum auf. Dessen Seele in Frieden ruhe. Amen."
Evermod war ein Freund und Schüler des Begründers des Prämonstratenserordens Norbert von Xanten, Erzbischof von Magdeburg und Kanzler des deutschen Reiches. Prémontré bei Laon war die Keimzelle seines Ordens, einer Gemeinschaft von Priestern, die nach der Regel des heiligen Augustin lebten. Der Orden verbreitete sich von 1121 an in wenigen Jahrzehnten über ganz Europa und zählte um 1200 etwa 500 Nieder-

ANSVERUS. Aus der Kirche in Ziethen, in der Hand drei Steine, Zeichen seines Martyriums. 15. Jh.

HEINRICHSTEIN am Südwesteingang zum Domhof, Granit, 12. Jh.

lassungen. Eine besondere Bedeutung gewannen die Prämonstratenser bei der Missionierung des Ostens. Die großen Wendenbistümer Ratzeburg, Havelberg und Brandenburg zählen zu ihren bedeutendsten Niederlassungen im 12. und 13. Jh. Allein drei Heilige des Ordens, Evermod, Isfried und Ludolf waren Bischöfe von Ratzeburg.

Erste Aufgabe des neuen Bischofs war es, den Bau des Domes zu betreiben und einen Raum für das Domkapitel zu schaffen. Es ist anzunehmen, daß Evermod seinen Wohnsitz zunächst auf dem St. Georgsberg nahm, um dann an der höchsten Stelle der Insel, wahrscheinlich über dem Sivaheiligtum, das Gotteshaus zu errichten. Bei der Grundsteinlegung des Lübecker Domes 1173 erfahren wir zum erstenmal etwas von dem Bau in Ratzeburg. Da wird berichtet, daß Heinrich der Löwe jährlich eine Summe von 100 Mark (etwa 30 000 DM) – „similiter in Racesburg", ähnlich wie in Ratzeburg – zum Bau beiträgt. Fünf Jahre später wird Evermod bereits im südlichen Querhaus begraben. So kann man mit einem Baubeginn von etwa 1160/65 rechnen.

1179 setzt Heinrich der Löwe Isfried, den Probst von Jerichow (östlich von Tangermünde), zum zweiten Bischof ein. Die dortige Klosterkirche, zur selben Zeit begonnen, erinnert in vielem an Ratzeburg. Zu Isfrieds Zeiten entbrennt der tragische Streit zwischen Kaiser und Herzog, der die deutsche Geschichte über 100 Jahre bestimmt. Heinrich der Löwe wird geächtet. Sein Herzogtum wird aufgeteilt. 1182 geht er für drei Jahre in die Verbannung zu seinem englischen Schwiegervater. Nach der Zerstörung Bardowicks 1189 überläßt er dem im Bau befindlichen Ratzeburger Dom eine reiche Schenkung an Kelchen, Meßgewändern, Glocken, Fenstern aus den dort zerstörten Kirchen. Er überlebt den Staufer, der 1190 auf dem dritten Kreuzzug ertrinkt, noch um fünf Jahre. Am Sterbebett des Einsamgewordenen zu Braunschweig weilt Isfried, der Bischof von Ratzeburg. – Ihm folgt eine Reihe von 27 Bischöfen bis zum Jahr 1554. Sie wurden bis auf vier alle im Dom begraben. Ihre z. T. sehr schönen Grabsteine sind weitgehend erhalten geblieben. Neben den acht quadratischen, aus gotischer Zeit stammenden Gedenkplatten für die ersten Bischöfe, ist der älteste Bischofsgrabstein der von Ulrich von Blücher (1284). Mecklenburgische, lauenburgische und märkische Geschlechter stellen die Bischöfe, unter ihnen drei Blücher, zwei Parkentin, Knesebeck, Blumenthal und Schulenburg. Sie stellen auch die Domherren, unter denen die Familien der Schack, Daldorff und Bülow besonders zahlreich vertreten sind. Erst im ausgehenden Mittelalter gehören auch bürgerliche Geschlechter dem Domkapitel an.

Nach dem Tod Heinrichs des Löwen streben die Ratzeburger Bischöfe ihre Reichsunmittelbarkeit an. Mit der Investitur des siebenten Bischofs Petrus 1235 durch Kaiser Friedrich II. in Hagenau erreichen sie ihr Ziel. Durch kluge Politik mehren sie den Besitzstand ihres Bistums, das zur Zeit seiner größten Ausdehnung bis fast nach Schwerin und im Süden bis nach Bergedorf reichte. Das alte Land Boitin aber zwischen dem Ratzeburger und Dassower See ist im wesentlichen das Kernland des Bistums geblieben.

Unter Bischof Heinrich v. Wittorp (1367–1388) erlebte das Stift Ratzeburg seine höchste Blüte. Der Kaiser Karl IV. war beim Bischof zu Gast. Die Bischöfe waren angesehene Reichsfürsten und hatten Sitz und Stimme im Reichstag. Sie hatten es freilich nicht leicht, sich gegen ihre Nachbarn durchzusetzen. Es war nicht wie in Lübeck, Augsburg oder Würzburg eine starke, selbstbewußte Bürgerschaft. Ratzeburg war immer eine kleine

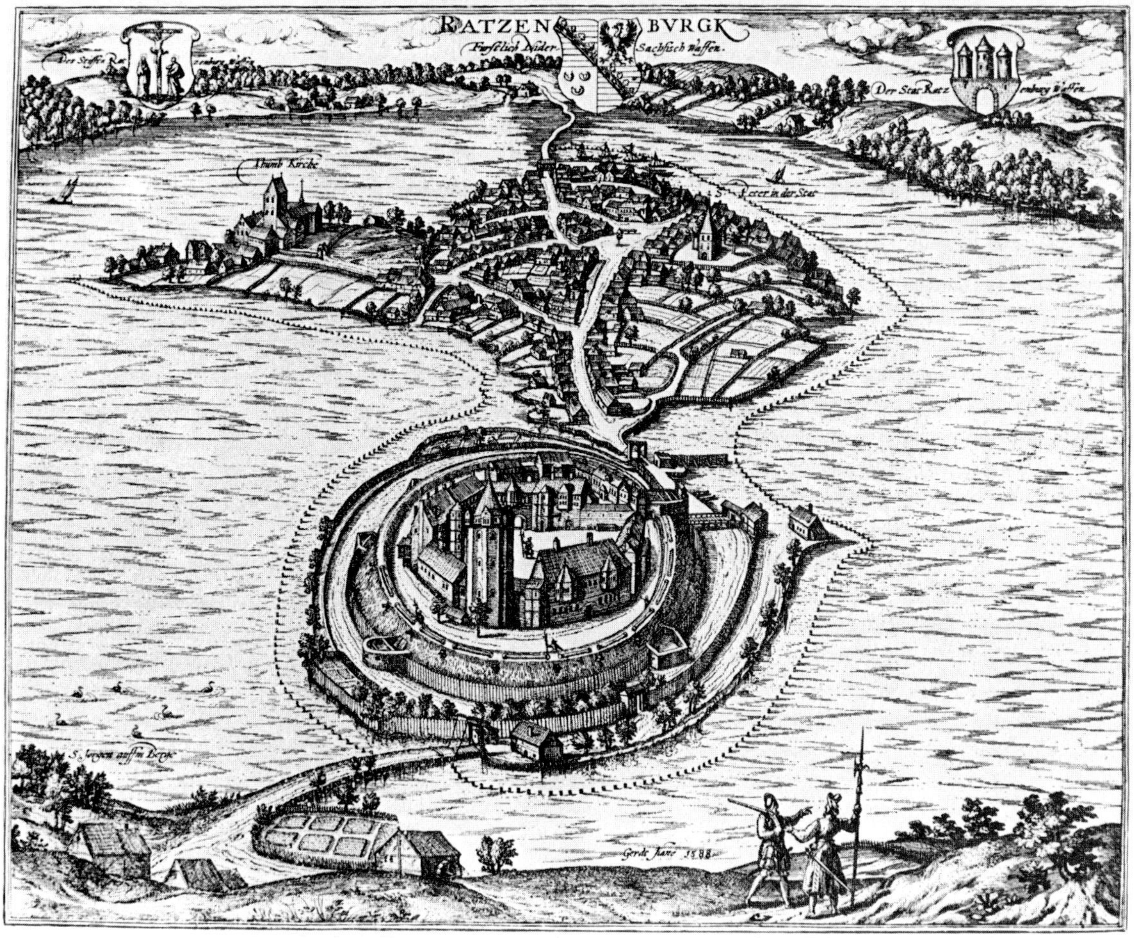

ÄLTESTER STICH RATZEBURGS von Gert Hane, 1588. Im Vordergrund die 1689 geschleifte Burg mit Magnusturm, in der Mitte die Stadtkirche St. Petri, im Hintergrund Dom mit Steintor und Bischofsherberge.

Landstadt ohne große Bedeutung. Die Feinde der Bischöfe waren ihre Landesherren. Nicht die Grafen von Ratzeburg, mit denen sie im besten Einvernehmen lebten, wohl aber ihre Nachfolger, die Herzöge von Sachsen-Lauenburg, die in der Nachfolge Heinrichs des Löwen gleichfalls das Recht, die Bischöfe in ihrem Gebiet einzusetzen, beanspruchten. Die Bischöfe suchten Schutz beim Papst und beim Kaiser und fanden ihn dort auch. Nachdem sie 1269 das Lehensland Boitin freigekauft hatten, waren sie reichsunmittelbare Landesherrn geworden. Ratzeburg aber war von nun an in herzogliches und bischöfliches Gebiet geteilt und blieb eine geteilte Stadt bis in unser Jahrhundert, in letzten Auswirkungen bis in unsere Tage. Im Verlauf der Streitigkeiten mit den Lauenburgern zieht sich der Bischof, der anfangs ein festes Schloß in Farchau am Küchensee bewohnte, gegen Ende des 13. Jh. in die Mitte seines Landes nach Schönberg zurück.

Im Jahre 1439 erwirbt der Bischof von den lauenburgischen Herzögen den Palmberg, den baumbestandenen, grünen Platz vor dem Dom. Im Kaufvertrag wird bestimmt, daß kein Handwerker oder Gewerbetreibender sich hier ansiedeln dürfe. Deshalb hat dieser Platz bis zum heutigen Tage seine tiefe Stille und seinen Frieden bewahrt. Zu schweren Auseinandersetzungen mit den Herzögen kommt es im 16. Jh. Zwei rücksichtslose Vertreter Sachsen-Lauenburgs, die Renaissancefürsten Magnus I. und Franz I. versuchten mit allen Mitteln ihre vermeintlichen Rechte auf das Bistum durchzusetzen. Magnus bestimmt das Domkapitel, seinen Kanzler Heinrich Bergemeyer zum Bischof zu wählen. Dieser erfüllt jedoch die in ihn gesetzten Erwartungen nicht, sondern wird zum Sachwalter und Verteidiger der bischöflichen Rechte. Auch sein Nachfolger Georg von Blumenthal (1524–1550) widersetzt sich energisch den Forderungen des Herzogs. Er klagt beim Reichskammergericht. Ein großer Teil des bischöflichen Vermögens, vor allem der Domschatz, wird zur Aufbringung der Prozeßkosten verpfändet. Daß den Ratzeburger Bischöfen ihr Recht wurde, nutzt ihnen nicht viel. Bei der Wahl des letzten Bischofs 1550 versucht Franz I. seinen Einfluß geltend zu machen und seinen Sohn Magnus zum Bischof wählen zu lassen. Als ihm das mißlingt, ruft er den Grafen Volrath von Mansfeld ins Land, der im Mai 1552 während des Mittagsgebetes in den Dom eindringt und ihn bis auf die Mauern ausplündert. Das ist der Grund, warum der Ratzeburger Dom nur noch so wenige mittelalterliche Kunstwerke besitzt.

Sicher hängen die Machtkämpfe im 16. Jh. auch mit der Reformation zusammen. Das Stift war im ausgehenden Mittelalter verweltlicht. Die Domherren, die sich früher streng an die Regeln des heiligen Augustin hielten, streiften ihre Fesseln ab. 1504 wird das Prämonstratenserkloster Ratzeburg von Papst Julius II. in ein säkulares Domstift umgewandelt. Die Domherren legen das weiße Prämonstratenserkleid ab und tragen die Tracht der Weltpriester. Sie verlassen ihre Klausur und leben von nun an in den Kurien, die den Dom umgeben. Das Stift nimmt allerdings erst spät die neue Lehre an. Georg von Blumenthal hielt streng am alten Glauben fest. Erst sein Nachfolger Christoph v. d. Schulenburg gibt den Weg zur Reformation frei. Er resigniert 1554, heiratet und verkauft das Bistum für 10 000 Taler an den Herzog Christoph von Mecklenburg. Dieser verpflichtet das Domkapitel auf die Augsburgische Konfession. Im Jahre 1566 wird der erste lutherische Prediger Georg Usler an den Dom berufen. Sein Porträt befindet sich an der Kanzel, wahrscheinlich auch an der Taufumrandung, die jetzt in der Kunstkammer steht.

Mit Christoph von Mecklenburg beginnt die Zeit der evangelischen Bischofs-Administratoren, die mit ihren Coadjutoren wechselweise aus den Häusern Mecklenburg und Braunschweig-Lüneburg gewählt wurden. In dieser Zeit hat der Superintendent Nicolaus Peträus aus Husum, ein Mann von hohen Geistesgaben, die geistliche Leitung des Bistums in den Händen. Er ordnet die verwahrloste Diözese, visitiert die Gemeinden, schreibt eine Kirchenordnung und füllt die ausgeplünderte Domkirche mit einer Reihe von hervorragenden Kunstwerken. Er zieht den bedeutendsten Bildhauer des Frühbarock im Norden, Gebhard Jürgen Titge aus Rotenburg bei Bremen nach Ratzeburg. Dieser wohnt jahrelang auf dem Domhof und schafft in dieser Zeit eine Fülle von bedeutsamen Werken, u. a. den Hochaltar und eine große Reihe von Epitaphien.

Mit dem Westfälischen Frieden wird das Bistum säkularisiert. Es fällt an Mecklenburg, das es als Entschädigung für Wismar und andere Gebiete erhält, die zu Schweden kommen. Es nennt sich von nun an Fürstentum Ratzeburg. Sein Wappen, einst die Burg mit dem Krummstab, wandelt sich in das Kreuz mit der Krone, das bis zum heutigen Tage im mecklenburgischen Wappen enthalten ist.

GESCHICHTE DES DOMHOFS NACH AUFLÖSUNG DES BISTUMS BIS ZUR NEUZEIT

An Stelle der Bischöfe regieren nun die Beamten der mecklenburgischen Herzöge auf dem Domhof. Eine alte Kurie wird 1656 erworben und zum herzoglichen Absteigequartier umgestaltet. Herzog Christian Louis baut dort 1660 ein „Fürstliches Haus", das allerdings wegen Baufälligkeit schon nach 100 Jahren abgerissen wird. Unter Adolf Friedrich IV., Reuters „Dörchläuchting", wird dort von 1764–66 ein neues prächtiges Haus erbaut, das heutige „Herrenhaus am Dom". Die Stadt Ratzeburg, die einst zwischen Herzog und Bischof geteilt war, bleibt es nun auch weiterhin unter den Herzögen von Lauenburg und Mecklenburg. Nach dem Aussterben der Lauenburger 1689 fällt das Herzogtum an Georg Wilhelm von Lüneburg-Celle, der das kleine Städtchen zu einer neuzeitlichen Festung nach Vaubanschem Vorbild ausbaut. Er läßt das alte Herzogschloß schleifen und befestigt die ganze Insel. Der dänische König erhebt Einspruch gegen die Befestigung der Stadt und läßt, als die Lüneburger auf seine Forderungen nicht eingehen, vom 21. bis 23. August 1693 die ganze Stadt in Schutt und Asche schießen. Nur wenige Gebäude bleiben stehen: in der Herzogstadt die Petrikirche und drei Häuser. Auf der Domhalbinsel dagegen – Mecklenburg war neutral geblieben – bleiben der Dom und die meisten ihn umgebenden Gebäude erhalten.

Nach dem Aussterben der Güstrower Linie 1701 fällt das Fürstentum Ratzeburg an das neugebildete Herzogtum Mecklenburg–Strelitz. Bei ihm bleibt es – in den letzten drei Jahren mit Schwerin vereint – bis 1937. In einem Fachwerkbau am Südteil des Palmbergs, der späteren Domkaserne,

DOMHALBINSEL VON OSTEN. – Auf der Landzunge liegt der bischöfliche, später mecklenburgische Teil Ratzeburgs. Im Hintergrund der St. Georgsberg, von dem der Lüneburger Damm zur Stadt führt. An seinem östlichen Ende war die herzogliche Burg. Rechts und im Vordergrund Teile von Römnitz und Bäk, die bis 1945 zu Mecklenburg gehörten. Auf der Halbinsel der Dom mit Kapitelhaus, links davon der Palmberg mit Hospital, Organistenhaus, Herrenhaus und A.-Paul-Weber-Haus, darüber Neubauten: Ruderakademie und Europäisches Jugendzentrum.

DETAIL VOM EINGANGSPORTAL ZUR VORHALLE. An den Rundstäben kann man deutlich die Riffelung erkennen. Der nasse Tonbatzen wurde vor dem Brennen mit einem gezahnten Messer geritzt, um die Scharrierung des Hausteins vorzutäuschen.

DOM VON SÜDEN mit Vorhalle, Turm (15. Jh.) und Lauenburger Kapelle (1380).

DOM VON SÜDOSTEN. Rechts das Kapitelhaus, davor das Grundstück der ältesten Probstei. Links am Wasser das alte Hospital.

war zeitweise die mecklenburgische Kanzlei untergebracht. Nach den napoleonischen Kriegen wurde die Verwaltung des Fürstentums nach Schönberg verlegt. Der Domhof vereinsamte mehr und mehr. Als im Jahre 1845 die alte Domschule eingeht, bildet der Dom nur noch den kirchlichen Mittelpunkt des Fürstentums. Die alte Münze und die Druckerei im Kapitelhaus waren längst eingegangen. Die Dompröbste beziehen 1840 nach Verkauf der baufällig gewordenen Probstei hinter dem Steintor das leerstehende Herrenhaus. Dort wohnten sie bis 1971. Dann zogen sie in die neue Domprobstei, die das Land Schleswig-Holstein als Patron ihnen baute.

Wer bis 1937 den Dom besuchen wollte, fand sich auf seinem Weg aus der Stadt bei der alten Domapotheke plötzlich einem Ortsschild gegenüber „Ratzeburg–Domhof (Mecklenburg)". Dort begann nicht nur ein neuer Ort, sondern auch ein anderes Land. Noch heute zeigen zwei Kreuze im Straßenpflaster die Grenze an, wo das alte Schweriner Tor zur Stadt hin stand. Während der Domhof nur einmal den Besitzer wechselte – 500 Jahre war er bischöflich und 300 Jahre mecklenburgisch – waren in der Stadt immer wieder neue Herren eingezogen. Nach den Lauenburgern und Lüneburgern kamen im 18. Jh. die Hannoveraner. Kurze Zeit gehörte die Stadt auch zum Kaiserreich Frankreich. Vom Wiener Kongreß an bis zum Jahr 1864 war Ratzeburg dänisch. Die Dänen legten in das leergewordene Kanzleigebäude auf dem Domhof eine Kompanie Soldaten, später zogen die Lauenburgischen Jäger dort ein. Im Gasteiner Vertrag 1865 fiel Lauenburg an Preußen. Am 26. 9. 1865 huldigte die lauenburgische Ritter- und Landschaft ihrem neuen König Wilhelm I. in der Stadtkirche St. Petri.

Mit dem sogenannten Großhamburggesetz 1937 fällt die mecklenburgische Enklave Domhof gleichfalls an Preußen. 800 Jahre fanden damit einen Abschluß. Bischofs- und Herzogsstadt wurden eins.

Kirchlich allerdings ist die Trennung auch heute noch in gewissem Sinne vorhanden. Der Dom gehört zur Evangelisch-Lutherischen Landeskirche Mecklenburgs. Das machte bis 1945 keine Schwierigkeiten. Seit der Grenzziehung zwischen den beiden deutschen Staaten aber ist die Verbindung vom Dom zur Landeskirche zu einem schweren Problem geworden. Die Grenze ging im Mai 1945 sogar durch die Domgemeinde selbst hindurch, von der ein Teil, der Domhof, zur britisch besetzten und der andere, Bäk und Römnitz, zur russich besetzten Zone gehörte. Im November 1945 kommen diese Ortschaften zum Westen im Austausch gegen ein Gebiet am Schaalsee.

Da aber seit Errichtung der befestigten Grenze die Domkirchgemeinde die Gemeinschaft innerhalb der Landeskirche Mecklenburgs nicht mehr wahrnehmen und die mecklenburgische Kirche ihren Verpflichtungen gegenüber der Domgemeinde nicht mehr nachkommen kann, hat der Oberkirchenrat in Schwerin seine Rechte hinsichtlich der Domkirche und der Domgemeinde seit dem 1. 3. 1978 der Nordelbischen Evangelisch-Lutherischen Kirche übertragen.

Von dem einstigen Bischofssitz ist eine kleine Gemeinde übriggeblieben, deren Zentrum, der Dom, in Gefahr stand, zum Museum zu werden. In bischöflicher Zeit war er erfüllt von reichem geistlichem Leben, den Stundengebeten der Chorherren und den glanzvollen Pontifikalämtern der Bischöfe. Nach 1648 setzte die Domschule diese gottesdienstliche Tradition fort mit Psalmgebeten und Kantaten, deren Noten noch in großer Zahl im Domarchiv vorhanden sind. Allmählich aber wurde es immer leerer und stiller im Dom. Man soll im 19. Jh. sogar erwogen haben, ihn zu verkaufen. Es sei dem preußischen König Friedrich Wilhelm IV., der seinem strelitzer Vetter sagte: „Du wirst doch nicht die Perle deines Landes weggeben?", zu verdanken gewesen, daß der Dom erhalten blieb. Freilich nur noch als Pfarrkirche einer winzigen Gemeinde, die selbst heute nicht mehr als 850 Seelen umfaßt. Bis 1945 war der Dom noch Mittelpunkt des Kirchenkreises Schönberg und Sitz einer Landessuperintendentur, dann fiel auch diese Verbindung.

Da wurde durch die Initiative des damaligen Dompropsten Schreiber der entleerte Domhof mit neuem Leben erfüllt. Im Refektorium des alten Domklosters wurde eine Heimvolkshochschule begründet, die jungen Menschen aus vielen europäischen Ländern Gelegenheit gab, ihre Allgemeinbildung zu ergänzen und sich mit Problemen unserer Zeit auseinanderzusetzen. Heute ist im Refektorium die Lutherakademie e. V. Ratzeburg untergebracht. Sie vereint in regelmäßigen Begegnungen lutherische Theologen des In- und Auslands, vor allem des skandinavischen Raumes, und fördert durch langfristige Einladungen von Stipendiaten nach Ratzeburg den wissenschaftlichen Nachwuchs.

Die übrigen Räume des nördlichen Kapitelhauses dienen der Domgemeinde als Freizeitheim für Bildung und Meditation. Neue Bruderschaften der

ZWEI BARLACH-PLASTIKEN aus dem Zyklus „Gemeinschaft der Heiligen" für den Lübecker Dom: Links „Singender Klosterschüler" (Klinker) auf dem Grab des Künstlers (Friedhof Seedorfer Str.). Rechts „Bettler auf Krücken" (Bronze), Klosterinnenhof, Schenkung von Nikolaus Barlach (Übergabe 28. 4. 1979).

evangelischen Kirche, vor allem die Evangelischen Michaelsbrüder und die Ansverusbrüder, versammeln sich hier zu Retraiten und Wochen gemeinsamen Lebens. Im Dormitorium wurde eine Paramentenwerkstatt eingerichtet, die Altartücher, Behänge in liturgischen Farben für Altar und Kanzel (Antependien), Wandbehänge und liturgische Gewänder entwirft und anfertigt. In einer Domkurie ist ein Jugendaufbauwerk untergebracht, in dem junge Mädchen zwischen Schule und Beruf eine hauswirtschaftliche Ausbildung erhalten.

Vor allem aber erfüllt seit einigen Jahren ein reiches kirchenmusikalisches Leben den Dom und seine Umgebung. Der Domorganist und Kapellmeister KMD Neithard Bethke hat durch seine Sommermusiken, Kantatengottesdienste und die großen Konzerte am Ende des Kirchenjahres und in der Karwoche Tausende von Menschen in den stillen Bereich des Domes gezogen.

Der Gottesdienst aber ist wie vor 800 Jahren die Mitte des dafür bestimmten Raumes. Auf der Grenze zwischen Völkern und Weltanschauungen, Landeskirchen und Konfessionen stehend, ist der Dom im Zeitalter der Ökumene zu einem sammelnden Mittelpunkt geworden. Hier finden gemeinsame Gottesdienste evangelischer, katholischer und orthodoxer Gemeinden statt, hier kam es auf Initiative des lauenburgischen Landessuperintendenten zu großen Begegnungen zwischen deutschem und skandinavischem Luthertum. Auf dem gegenüberliegenden Ufer haben sich die Lübecker lutherische und die Hamburger reformierte Kirche Tagungsstätten gebaut, deren Besucher am gottesdienstlichen Leben im Dom teilnehmen. So wird die alte Bischofskathedrale auch in der nordelbischen Kirche einen besonderen Platz einnehmen, der ihrer geschichtlichen und kunstgeschichtlichen Bedeutung angemessen ist.

Ebenso, wie sich am Dom neues kirchliches Leben entwickelte, so entfaltete sich auch rings um den Dom reiches kulturelles Leben. Neben der neuen Domprobstei ist ein Europäisches Jugendlager entstanden, in welchem Segelkurse auf dem großen Ratzeburger See abgehalten werden. Daneben steht die Deutsche Ruderakademie, die 1966 nach den olympischen Siegen des Ratzeburger Achters unter Professor Karl Adam gebaut wurde.

Im Herrenhaus am Dom haben die Sammlungen des lauenburgischen Kreismuseums ihren Platz gefunden. Hier ist ein Museum entstanden, das in seiner Bedeutung weit über den Rahmen einer Kleinstadt hinausragt.

A. PAUL WEBER BEI DER ARBEIT

Neben dem Herrenhaus ist in einer Domkurie das A.-Paul-Weber-Haus untergebracht. Es enthält das Lebenswerk des großen Graphikers. Ratzeburg war für die meisten Menschen bisher nur mit dem Namen Ernst Barlach verbunden, der hier seine Jugend verlebte. Sein Elternhaus neben der Petrikirche ist zu einem reizvollen kleinen Museum umgestaltet worden. Sein Grab auf dem Stadtfriedhof wurde für viele eine Wallfahrtsstätte. Mit A. Paul Weber aber hat ein ihm ebenbürtiger Künstler mit einer schier unerschöpflichen Erfindungs- und Schaffenskraft der an künstlerischen Eindrücken so reichen kleinen Stadt einen neuen Anziehungspunkt gegeben.
Der Löwendom schläft nicht mehr. Tausende pilgern alljährlich hinauf zu der Gottesburg über dem See. Vieles hat sich in seiner Umgebung verändert. Er selbst aber blieb der gleiche, und unverändert blieb auch die Landschaft, die ihn umgibt: Die grüne Halbinsel im blauen See, die Schwärme von Wasservögeln auf den blitzenden Wellen, die alten Linden des Palmberges, die wie zu Zeiten der Göttin Siva geheimnisvoll rauschen, und darüber der weite Himmel des alten Schicksalslandes zwischen Ost und West.

BAUGESCHICHTE DES DOMES

Wenn wir die Baugeschichte des Domes betrachten wollen, müssen wir zuvor einen kurzen Blick in die Geschichte des niederdeutschen Backsteinbaus tun. Die großen Werke der Backsteingotik von St. Marien in Lübeck an, die ganze Ostseeküste entlang, sind allgemein bekannt. Ihre Zeit ist die Hanse, die Bürgerzeit vom ausgehenden 13. Jh. bis ins 15. Jh. Damals entsteht eine unübersehbare Fülle von Kirchen, Rathäusern, Stadttoren, Burgen, so daß der Laie das Material des Backsteins fast zwangsläufig mit der Gotik verbindet. Weniger bekannt ist, daß 100 bis 200 Jahre zuvor, zur deutschen Kaiserzeit, mächtige romanische Backsteinbauten hier entstanden. Ihre bedeutendsten Zeugen im nordöstlichen Deutschland sind die Stiftskirchen von Segeberg und Jerichow, die Kirche von Altenkrempe und die Dome von Ratzeburg und Lübeck. Natürlich sehen wir romanische Anfänge in vielen Kirchen dieses Landes, etwa in Oldenburg, Mölln, Eutin oder im mecklenburgischen Gadebusch. Ein so stilreiner Bau aber wie in Ratzeburg findet sich nirgends. Richard Haupt, einer der besten Kenner des Ziegelbaus, nennt ihn

KONZERT IM KLOSTERHOF

„die Krone des romanischen Backsteinbaus“. Im Gegensatz zu den meisten zur gleichen Zeit begonnenen Kirchen ist er romanisch geblieben. Er verdankt diese Bewahrung u. a. dem Umstand, daß er niemals Pfarrkirche einer größeren Gemeinde war. Man brauchte ihn bei wachsender Bevölkerungszahl nicht zu erweitern. Noch heute ist die Domgemeinde so klein, daß alle ihre Toten in seinem Schatten ruhen können. Es gab in Ratzeburg auch keinen Wettstreit zwischen Bischof und Bürgerschaft wie in Lübeck, wo beide Teile alles daran setzten, den anderen mit kostbaren Umbauten zu überbieten. So durchbrach Lübeck bereits 1266 die alte romanische Apsis des Domes, um Platz für einen gotischen Hallenchor zu schaffen. Die Ratzeburger Bischöfe waren auch viel zu arm, um große Umbauten vornehmen zu können. So sehen wir in Ratzeburg äußerlich und seit der letzten Restaurierung auch innen einen Raum vor uns, der sich in 800 Jahren seiner Geschichte kaum verändert hat und der uns wie sonst nirgends so lebendig in die Zeit des hohen Mittelalters hinein zu versetzen mag.

Wie kommt es, daß es nur so wenige romanische Backsteinbauten gibt? Nordalbingien war seit Karl dem Großen ein christliches Land, und viele Kirchen waren in dieser Zeit erbaut, freilich auch wieder zerstört worden. Warum findet sich nicht eine Kirchenruine aus jenen Jahrhunderten? Weil man hierzulande noch keinen dauerhaften Werkstoff kannte, wie im Westen oder Süden des Reiches. Man baute mit Fachwerk oder Holz aus den unübersehbaren Wäldern oder mit Feldsteinen, die man von der Eiszeit her auf den Äckern fand. Mit ihnen konnte man aber keine großen Kirchenbauten errichten. Erst das 12. Jh. bringt dem Norden die Erfindung des in den Mittelmeerländern seit der Antike bekannten Kunststeins aus gebranntem Ton. Aus diesem Werkstoff konnte man Kathedralen in der Größe der Dome von Ratzeburg oder Lübeck errichten, die heute noch so fest stehen wie vor 800 Jahren. Kaum ein Riß im Mauerwerk, keine Verwitterung bei den frühesten Ziegeln. Architekten und Handwerker stehen gleicherweise staunend vor der Dauerhaftigkeit dieser Bauten. Aber nur zwei bis drei Menschenalter baute man in romanischer Zeit mit Backstein. Dann kam die Gotik.

Die Restaurierung von 1954–1966 hat den Backstein im Inneren wieder freigelegt. Als man daran ging, die fade, schablonenhafte Ausmalung des vorigen Jh. zu beseitigen, – ein kleiner Ausschnitt davon ist noch am südwestlichen Pfeiler im Seitenschiff zu sehen – entschloß man sich, auch die Kalktünche früherer Jahrhunderte zu entfernen. Zum Vorschein kam ein lebendiges, hervorragend

RUDERAKADEMIE MIT DOM von Westen

verarbeitetes gelblich-rotes Mauerwerk mit hellen Fugen. Verputzt und gekalkt waren nur die Gewölbe, die Unterseiten der Gurt- und Arkadenbögen und die Bogenteile der Fenster. An ihnen entdeckte man in der Apsis und im Obergaden noch die rot-weißen Keilstreifen und Schachbrettmuster der Romanik.
Eine zweite wesentliche Veränderung des Innenraumes brachte die letzte Restaurierung mit der Tieferlegung der Chorbühne. Schon in der Gotik, wahrscheinlich nach Fertigstellung des Kapitelhauses, hatte man den Chor um 1,20 m erhöht. Der Teil unter der Vierung war niedriger, wurde aber im 16. Jh. auf Anordnung des Herzogs Magnus I., der dort ein Grabmal für seine Eltern errichten wollte, auf die gleiche Höhe gebracht. Darunter befanden sich die Grabkammern der lauenburgischen Herzöge. Im Verlauf der Restaurierungsarbeiten entdeckte man die schönen alten Sockelprofile und den ursprünglichen, auf mächtigen Findlingen errichteten Altarblock, die etwa 700 Jahre in der Erde verborgen waren. Man senkte nun Chor und Vierung auf das ursprüngliche Niveau und gewann die edlen Maße wieder, die der romanische Baumeister gewollt hat. Bei diesen Arbeiten fand man auch Reste eines alten Lettners, der nach Fertigstellung des Hohen Chores Kleriker und Laien voneinander trennte. Die Särge der lauenburgischen Herzöge wurden in einer für Besucher unzugänglichen Gruft unter der Vierung beigesetzt.
Diese letzte Restaurierung, die dem Dom seine ursprüngliche Gestalt wiedergab, wurde in großer Treue dem Erbe der Väter gegenüber durchgeführt. Man muß sie als ein besonders geglücktes Werk bezeichnen. An ihr waren in gleichem Maße beteiligt das Landesamt für Denkmalpflege mit den beiden Landeskonservatoren Hirschfeld und Beseler und ihrem Mitarbeiter D. Ellger und das Landesbauamt Lübeck mit seinem damaligen Leiter Carl Jacob. A. Kamphausen schreibt in der 2. Auflage seines Buches „Der Ratzeburger Dom" (1966): „Was das 19. Jh. durch die Ausmalung des Inneren tat, ist heute wieder entfernt. Es hatte dem Dom seine gewachsene Kraft genommen, jetzt ist diesem sein Leben aus der Tiefe des Steins wiedergegeben. Es zieht wieder ein großer Atem durch den ehrwürdigen Raum, und eine strenge Form zeugt von dem Geist, der ihn einst schuf."
Es ist der Geist der Romanik. Man muß etwas von ihm wissen, um die „Großheit", wie Goethe sagen würde, dieses Bauwerks bewußt zu erleben. Die Romanik bringt, wie keine Epoche des Abendlandes, eine Synthese von Weltbejahung und Verchristlichung der Welt. Der Mensch des hohen

DOM VON SÜDEN. Stich aus G. C. F. Lisch: Mecklenburg in Bildern. Um 1840.

Mittelalters entflieht nicht der Welt, sondern vergeistigt sie. Die Bejahung der Schöpfung prägt sich auch aus in der Bejahung des Werkstoffes, aus dem die mächtigen Bauten entstehen. Die Romanik baut noch nicht so sehr in den Städten wie die Gotik. Deshalb stehen ihre Kirchen auch so oft wie einsame Gottesburgen im Land. Sie sind auch nicht wie die Bürgerkirchen der Gotik und die späteren Predigtkirchen Haus der Gemeinde, sondern sind Haus Gottes. In ihnen ist die Messe, auch von nur wenigen gefeiert, vollgültiger Gottesdienst. Die Predigtkirche dagegen verlangt für den Gottesdienst die Gemeinde. Im romanischen Dom gibt es auch kein Verweilen in abgelegenen Seitenkapellen wie in der Gotik. Das romanische Gotteshaus muß man durchschreiten und zwar auf dem zentralen Weg von Westen nach Osten, aus der vergehenden Welt – dort wo Turm oder Westwerk die Dämonen abwehren und ihnen den Zutritt ins Heiligtum versperren sollen – hinein ins Licht, der aufgehenden Sonne entgegen. Es ist der Weg aus dem Tod ins Leben. An seinem Ende, der Apsiskuppel, wird nicht der Gekreuzigte, sondern der Auferstandene, der Pantokrator, sichtbar. Das Kreuz aber spannt sich über der Vierung, so daß der Gläubige auf seinem Weg zum Altar „durchs Kreuz ins Leben" geht.

Dieser Gesinnung hat man bei der Restaurierung Rechnung getragen, als man den prunkvollen Titgeschen Hochaltar am südlichen Querschiffarm aufstellte und durch den gotischen Flügelaltar ersetzte. War der barocke Altar in seiner Fülle wie eine mächtige Wolke, die sich vor das Licht der drei Fenster, dem Symbol der göttlichen Trinität, legte und sie verhüllte, so lädt nun der weite Raum der Apsis mit den geöffneten Altarflügeln, der gedeckte Tisch mit den sieben Flammen Gottes, dem Abbild der Tischgemeinschaft im himmlischen Jerusalem, die Menschen ein, in sein Licht zu kommen. Bauwerk und Liturgie verschmelzen zu untrennbarer Einheit. Am deutlichsten wird das in der Osternachtfeier, wenn die Gemeinde aus dem Dunkel der Vorhalle mit der Osterkerze in den dämmerigen Dom einzieht um im Verlauf des Gottesdienstes die strahlende Lichtfülle der aufgehenden Sonne im Osten zu erleben.

Der Besucher nähert sich dem Dom vom Kirchhof her und sieht ihn in seiner ganzen Ausdehnung breit und mächtig vor sich liegen. Dann steht er vor einem Kleinod romanischer Architektur, der Südervorhalle. Er geht den umgekehrten Weg, wie die Erbauer des Domes, die von Osten her bauen. Seine Blicke wandern über das Eingangsportal zu dem prachtvollen Giebel, der mit seiner grünglasierten Blendrose, den Zierfriesen und dem Mauerwerk im Kornährenverband das schönste Werk früher Backsteintechnik ist. Störend nur ist an dieser kostbaren Fassade das Flickwerk der roten Maschinen-Steine, mit denen 1876/81 ein zweites Portal zugemauert wurde.

Am 19. 8. 1893 wurde der Dom vom Blitz getroffen. Dachstuhl und Turm brannten aus. Das 700jährige Gewölbe hielt dem Aufprall der herabstürzenden Glocken (die schwerste wog 70 Ztr.) stand, so daß das Dominnere unversehrt blieb.

Man glaubte lange, daß es sich bei der Ratzeburger Vorhalle um ein Paradies mit zwei Eingängen handelte. Das zweite Tor war aber nicht ursprünglich vorhanden gewesen, sondern ist erst 1835 hereingebrochen worden, als man ein „Materialienmagazin" mit Remise „für eine Feuersprütze" in den östlichen Teil der Vorhalle einbaute. Nach seiner Beseitigung hat der Raum seine alte sakrale Würde wieder erhalten.

Das Innere der Vorhalle wird beherrscht von einem mit gelben und grünglasierten Ziegeln reich gestalteten Vierpaßpfeiler, der über dem quadratischen Grundriß des Raumes die vier Gewölbequadrate trägt. Die farbig-glasierten Steine, der Kreuzbogenfries außen sowie das Mauerwerk im Ährenverband weisen auf oberitalienische Einflüsse hin. An der Innenwand ist die steinerne Gründungsurkunde des Domes angebracht – eine Kalksteintafel aus gotischer Zeit –, die unter dem Wappen des Löwen folgende Inschrift in deutscher Übersetzung trägt: „Im Jahre 1144, am 11. August, wurde die Ratzeburger Kathedralkirche gegründet und geweiht von dem hochberühmten Fürsten, dem Herzog Heinrich, der im Jahr 1195 starb. Betet für ihn." – Die Zahl 1144 stimmt nicht, denn aus allen andern Urkunden geht hervor, daß das Stiftungsjahr des Bistums das Jahr 1154 ist.

Durch das reichgegliederte Hauptportal treten wir ein in das Dominnere. Wir stehen vor der großen Orgel und blicken nach Osten in das Mittelschiff. Mächtig streben die gewaltigen Backsteinpfeiler zum Gewölbe empor, an denen die Spitzbögen besonders auffallen. Sie sind keine spätere Überwölbung einer ursprünglichen Flachdecke, wie man es mitunter annahm, sind auch nicht Ausdruck einer gotischen Baugesinnung, sondern waren „die notwendige Konsequenz der mathematischen Überlegung, die Linie von einem Fußpunkt des Gewölbes zum diagonal gegenüberliegenden als Halbkreis zu führen, ohne die Gewölbemitte zu heben" (Kamphausen, S. 14). – So ist es auch beim Braunschweiger Dom, der zwar erst 1173 begonnen, aber früher beendet wurde, und der mit dem Ratzeburger viele Ähnlichkeiten aufweist. Beide Dome sind dreischiffige gewölbte Basiliken des gebundenen Systems, mit Querhaus und Seitenapsiden.

Geht man unter dem schweren Kronleuchter mit dem Doppelkruzifix durch das Mittelschiff bis zur Vierung, so fällt dort eine Baunaht auf. Die gelben Steine der Apsis vom ersten Bauabschnitt (1160–80) gehen in der zweiten Bauphase (etwa 1180–1200) in rote Steine über. Wir wissen nicht, ob neue Tongruben genutzt oder ob diese Ziegel anders gebrannt wurden – die roten Steine, die nicht so widerstandsfähig sind und leichter verwittern, wurden im dritten Bauabschnitt (etwa 1200–1210)

wieder durch gelbe ersetzt. Diese auffallende Verschiedenheit der Ziegel verdeckte man aber nicht unter weißer Tünche. Romanische Kirchen sind farbig, außen und innen. Bei Hausteinkirchen streicht man die Wände mit gelber oder roter Farbe und hellem Fugenwerk. In Backsteinkirchen aber läßt man das unverputzte, warm leuchtende Ziegelwerk mit seinem natürlichen Fugennetz bestehen, ja ergänzt es zusätzlich durch Farbe.
Auffallend ist, daß Ratzeburg im Gegensatz zu anderen romanischen Ziegelbauten keinen Kalkstein als Schmuck für die Kapitelle verwendet. Vielleicht hängt diese Einfachheit und Strenge mit der asketischen Haltung des Prämonstratenserordens zusammen, der – ähnlich wie die Zisterzienser in ihren Kirchenbauten – sparsam mit allem äußerem Schmuck umgeht. Nicht erst die Ausplünderung des 16. Jh. hat dem Dom den monumentalen Ernst seiner Schmucklosigkeit gegeben. In Ratzeburg sprechen von Anfang an die Architektur und der Stein ihre lebendige Sprache.
Gehen wir weiter bis zur Vierung, der architektonischen Mitte der Kirche, wo Lang- und Querhaus sich kreuzen, so sehen wir hier eine außerordentliche Seltenheit, nämlich das erste Chorgestühl, das mit seinen ursprünglichen Teilen aus dem 12. Jh. das älteste im Norden Deutschlands ist. Die Vierungsorgel, die 1972 für die Dommusiken notwendig wurde, verbaut heute leider den Durchblick aus der Vierung in die vier Kreuzesarme des Domes, den die letzte Restaurierung wieder geöffnet hatte.
Am nördlichen Querschiff sieht man auf halber Höhe zwei zugemauerte Türen. Sie führten in das Dormitorium und in einen gewölbten Raum über der Sakristei, die sogenannte „Trese", in dem wahrscheinlich das Archiv des Domkapitels aufbewahrt wurde. Von dort führte eine nicht mehr vorhandene Treppe in die Kirche, auf der die Chorherren zu ihren nächtlichen Gebeten in den Chor hinunterstiegen. Zur Sakristei kommt man durch eine niedrige romanische Tür, die man bei der letzten Restaurierung wieder geöffnet hat. Dann steht man in der alten Sakristei, einem eindrucksvollen Raum aus der Frühzeit des Dombaus, von dem aus eine Tür in den Kapitelsaal führt.
Das Domkloster mit dem östlichen Kreuzgang wurde 1251 begonnen. Wir haben das Glück, daß uns durch Inschriften an Außen- und Innenmauern Baumeister und Bauzeiten bekannt wurden. Dietrich von Büchen aus dem Kreis der Domherren ist der Baumeister. Die Fensterbögen im östlichen Kreuzgang sowie sein Kreuzrippengewölbe sind bis zum vorletzten Joch frühgotisch. Dann beginnen hochgotische Fenster und Gewölbe. An den Ostflügel schließt sich der nördliche Kreuzgang an mit Resten gotischer Fresken: Bischöfe mit ihren Wappen und in sechs Wandblenden eine Darstellung des Apostolischen Glaubensbekenntnisses mit Propheten- und Apostelgestalten. Das nördliche Kapitelhaus, noch heute ein mächtiger gotischer Bau – im Inneren und an den Fassaden allerdings vielfach verbaut –, enthielt das Refektorium mit den Küchen- und Wirtschaftsräumen. Es wurde 1261 begonnen. Die Inschriften mit den Jahreszahlen sind auf schöne Ziegel vor dem Brand in Majuskeln eingeschnitten. Wir sehen sie noch über dem westlichen Kreuzgangportal und an der Westfront des nördlichen Kapitelhauses.
Der westliche Kreuzgang ist nicht gewölbt. Er ist auch nicht begehbar, weil er im Laufe der Zeit in verschiedene Kammern unterteilt wurde. Die Gemeinde plant allerdings, ihn wieder zu öffnen. Der letzte, zum Dom hin offene Raum mit einem hochgotischen Portal dient heute zur Aufbewahrung von Kunstgegenständen der Kirche.
Wenn wir von hier aus in den Dom zurückkehren, stehen wir wieder vor den gewaltigen Westpfeilern mit ihrem ausdrucksvollen Mauerwerk. Wir möchten seine Steine berühren, um ihr geheimes Leben zu ertasten. Der alte Hymnus der Kirchweihe geht uns durch den Sinn: „Selige Stadt Jerusalem, in den Himmeln errichtet aus lebendigen Steinen." Uns ist, als ob schon hier ein Abglanz des himmlischen Jerusalem sichtbar wird in der Schönheit dieses Gotteshauses mit seinen „lebendigen Steinen". Sie sind umflutet im Morgenglanz, in der Mittagsglut und im Abenddämmer vom „heiteren Licht heiliger Herrlichkeit", von dem der alte Abendhymnus der griechischen Kirche singt.
Erich Lüth, der Hamburger Schriftsteller, schrieb mir nach seinem ersten Besuch im wiederhergestellten Dom: „Noch nie hat ein Raum so stark auf meine Augen und mein Gefühl eingewirkt wie dieser, in dem wir einander begegnet sind. Kleine Menschen, doch einbezogen in die Größe, die hier wohnt, in die Würde, die sonst überall zerbricht, in den Ernst, den das einfallende Licht so ergreifend heiter stimmt. Es ist ein wohnliches Haus trotz seiner Strenge, und sein Geist kann Menschen verwandeln. Es ist so gar keine kirchliche Eitelkeit an diesem Haus. Es ist in ihm alles, was uns Menschen fehlt: Größe, Strenge, Reinheit, Einfachheit, Würde, Herrlichkeit."

DOMTURM ÜBER DEM SEE von Westen. Im Vordergrund das alte Pastorat, von 1701–1840 Domprobstei. Es wurde nach der Zerstörung im Dänenkrieg durch Probst Gutzmer (Porträt in der Kunstkammer) 1694/95 wieder aufgebaut.

FRIEDHOFSMAUER, nach Osten. Erbaut 1663 unter dem letzten Domherrn Hinrich Hoinckhusen. (Steintafel vom Bau an der Eingangspforte zum Kirchhof.)

STEINTOR (1220/30) MIT BISCHOFSHERBERGE (14./15. Jh.) von Süden. Ursprünglich als „großes" und „kleines Steinhaus" im Besitz des Bischofs. Im Obergeschoß des Steintors befand sich ein weiträumiger Versammlungsraum. Das Torhaus mit tonnengewölbter Durchfahrt stützte die Böschung des Domhügels nach Westen ab. - In der Bischofsherberge wohnte 1540-97 der Superintendent. Bis 1770 war es Kanzlei, später Amtssitz der mecklenburg-strelitzschen Regierung. – Ernst Barlach ging hier, wie er in seinen Jugenderinnerungen schreibt, „Zu Tante Lohmeier zur Spielschule am Dom".

TURM VON WESTEN MIT STEINTOR. Das Steintorhaus, erbaut um 1230, ehemals bischöflicher Pferdestall, diente im 17. Jahrhundert als Wohnung für den Bälgetreter und Glöckner, im 18./19. Jahrhundert als Wohnung von Regierungsbeamten, Lehrern der Domschule und vom Organisten. Heute wohnen dort die Küster und kirchlichen Mitarbeiter.

EINGANGSPFORTE ZUM WESTLICHEN KREUZGANG. Über der Tür folgende Inschrift: „Anno Domini MCCLIX inceptus est murus iste sub domino episcopo Olrico . . . et Tiderico de Fago, qui tunc prefuit operi." (1259 wurde diese Mauer begonnen unter Bischof Ulrich von Blücher und Dietrich von Büchen, der damals dem Werk vorstand.)

LÖWENDENKMAL. Nach Abschluß der Restaurierung von 1876/81 schenkte die Großherzogin von Mecklenburg Strelitz (ihr Porträt befindet sich im südwestlichen Buntfenster neben der Orgel) der Domkirche einen Abguß des Braunschweiger Löwen. Er sollte anfangs im Klosterhof Platz finden, stand von 1895–1903 in der Vorhalle und seitdem an der südlichen Friedhofsmauer. Zwischen dem Wappen Mecklenburgs und Großbritanniens steht auf einer Metallplatte am Sockel folgende Inschrift: „Nach Wiederherstellung des Domes in seiner ursprünglichen Reinheit A. D. 1881 unter der Regierung Großherzogs Friedrich Wilhelm von Mecklenburg Strelitz, Ihres Gemahles, hat Augusta Caroline Großherzogin von Mecklenburg Strelitz, Prinzessin von Gr. Britannien, Irland und Hannover diesen Löwen, ein Geschenk ihres Vetters Wilhelm, Herzogs von Braunschweig, derzeitigen Hauptes des Geschlechtes der Welfen, hier aufrichten lassen zur Ehre und zum Andenken an den gemeinsamen großen Ahnherrn, Heinrich den Löwen, welcher A. D. 1158 das Bistum Ratzeburg gestiftet und diesen Dom hat erbauen lassen." (1158 wurde das Bistum durch Papst Hadrian IV. bestätigt.) Im Hintergrund die gegen Ende des Dreißigjährigen Krieges (1644) erbaute „Kaplanei": ein Dreiständerhaus im Fachwerkverband mit zwei Geschossen unter einem Satteldach (1750 um die beiden Abseiten verbreitert). Das Haus, ursprünglich Wohnung des jeweiligen Domdiakons, ist seit 1848 Dienstwohnung des Domorganisten.

DOM UND KAPITELHAUS VON SÜDOSTEN. Deutlich ist die Kreuzform der Kirche zu erkennen. Zwischen Turm und Vorhalle der abgedeckte Stumpf eines der beiden ursprünglich wie in Braunschweig und Lübeck geplanten Türme. Davor Bischofsherberge und oberes Steintor. Hinter dem Steintor der Kranz der ehemaligen Domkurien, beginnend mit der alten Probstei. Rechts von der Apsis die Sakristei. Unmittelbar anschließend das östliche Kapitelhaus. Im Untergeschoß Archiv und Kapitelsaal, im Obergeschoß Paramentenwerkstatt, ehemaliges Dormitorium. Daran anschließend der Nordflügel (Heimvolkshochschule) mit gotischen Kreuzgangfenstern zum Innenhof und westlicher Kreuzgang.

KIRCHHOFSPFORTE MIT ZUGANG ZUM DOM

SÜDANSICHT DES DOMES MIT DOMKIRCHHOF. Ein Vergleich mit dem Stich auf S. 18 zeigt, daß bei der Restaurierung des vorigen Jahrhunderts das rechte Tor in der Vorhalle durch zwei Fenster ersetzt wurde. Damals wurden auch die gotischen Seitenkapellen beseitigt, von denen auf dem alten Stich noch zwei zu beiden Seiten der Lauenburger Kapelle sichtbar sind. Sie stammten aus dem Ende des 14. Jh. Am südlichen Querhaus wurde das große gotische Fenster durch zwei romanische ersetzt. Der Turm, der nach dem Brand über 1 m erhöht wurde, ist in der Restaurierung 1954/66 auf seine ursprüngliche Höhe herabgesetzt worden. Damals wurde auch der neugotische Dachreiter, der nach dem Brand 1893 über der Vierung aufgebaut war, abgerissen und ersetzt.

SÜDLICHES QUERSCHIFF. Um 1180. Reichgegliederter Giebel mit halbrunden Lisenen. Links unter dem horizontalen Kreuzbogenfries das „Ratzeburger Kegelspiel". Unten zugemauertes gotisches Portal, das einst zum Hospital führte.

MAUERWERK AM SÜDLICHEN QUERHAUS: Kreuzbogenfries mit Sägeband. Darunter eingemauerte Kanonenkugeln von der dänischen Belagerung 1693. Sogenanntes „Ratzeburger Kegelspiel". Der Sage nach soll ein junger Soldat, der im dänischen Heer diente, dieses Kegelspiel an den Dom geschossen haben. Bevor die neunte Kugel mit dem König das Spiel beendete, schoß ein Kanonier der Lüneburger dem Meisterschützen der Belagerer den Kopf ab. Es war der Vater des jungen Soldaten, der den eigenen Sohn tötete, um die Stadt zu retten.

APSIS VON SÜDOSTEN. Um 1160/65. Ältester Teil des Domes. Der Rundbogenfries ahmt noch die Form des Werksteinbaus nach. Erst später kommt es nach oberitalienischen Vorbildern zu dem leichteren, dem Ziegelbau gemäßeren Kreuzbogenfries, der zum größten Teil das Mauerwerk des Domes umsäumt.

VORHALLE. Um 1220. Über dem breiten Unterbau erhebt sich der prachtvolle Giebel mit dem Mauerwerk im Ährenverband, dem dreiteilig umlaufenden Zierfries, den halbrunden Lisenen und der großen Blendrose mit dem Ratzeburger Scheibenkreuz aus grünglasierten Ziegeln. „Eine Spitzenleistung des frühen Backsteinbaus" (Kamphausen).

EINGANG ZUR VORHALLE. Schönes spätromanisches Portal mit vorspringender Mauervorlage, Klauenkapitellen und Rundstäben.

INNERES DER VORHALLE. „Eine wahre Perle spätromanischer Raumkunst, leuchtend durch die starke Farbigkeit der italisierenden Streifenarchitektur in rot-schwarz-gelbem Ziegelstein" (P. Hirschfeld). Über quadratischer Grundfläche ruhen die vier Kreuzgratgewölbe auf dem Vierpaß-Mittelpfeiler.

KAPITELL DES VIERPASSPFEILERS in der Vorhalle

INNERES NACH OSTEN. Durch das Mittelschiff mit seinen mächtigen Pfeilern geht der Blick zur Apsis mit dem Apostelaltar. Zur Linken die Kanzel mit weit ausladendem Schalldeckel, an dem die Wappen der Domherrn zu erkennen sind. Über dem Vierungspfeiler das Triumphkreuz mit Maria und Johannes.

TRIUMPHKREUZ. Um 1260. Auf hohem Kreuzbalken mit sprießendem Blattwerk der Gekreuzigte. Links Maria und rechts Johannes, der Jünger, im byzantinischen Muschelnimbus. Beide Figuren aus Eichenholz. Der Corpus Christi ist aus Lindenholz. Man nimmt an, daß er einmal herabgestürzt und erneuert sei. Auffallend die Madonna mit dem Kind zu Füßen des Kreuzes.

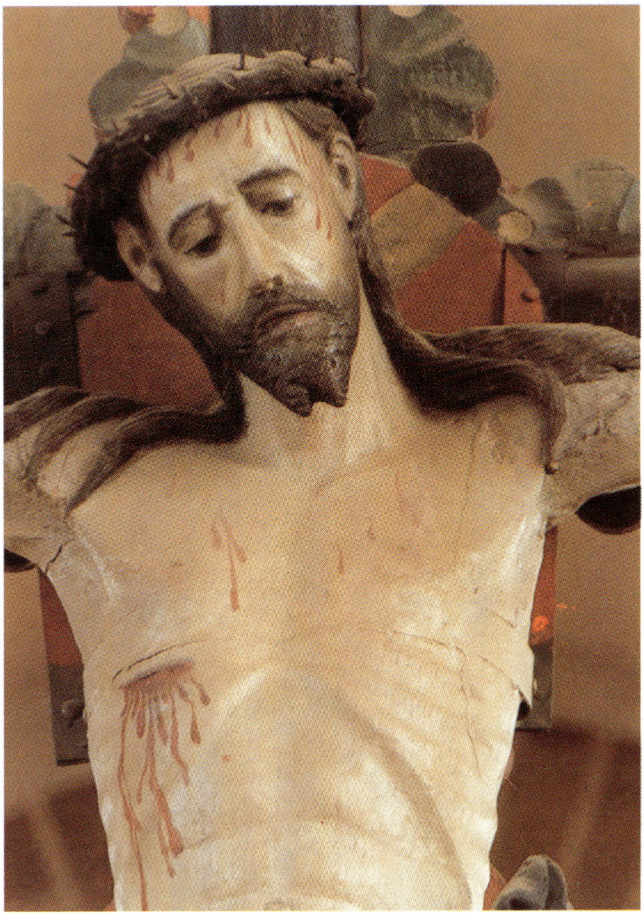

KANZEL. 1576. Der Lübecker Schnitzer Heinrich Matthes hat diese erste der großen Renaissance-Kanzeln Norddeutschlands gefertigt. Über dem Kopf des Moses erheben sich Korb und Brüstung mit Schnitzereien der Dreifaltigkeit, der vier Evangelisten und der Apostel Peter und Paul. An der Rückwand Holzrelief mit dem Porträt Georg Uslers, der 1566 als erster evangelischer Prediger an den Dom kam. – Alter und neuer Bund, Gesetz und Evangelium werden symbolisiert durch Moses, den Vertreter des alten Bundes, auf dem die Kanzel ruht, und durch den Prediger, der von ihr aus das Evangelium verkündigt.

Oben: PORTRÄT GEORG USLERS, des ersten evangelischen Predigers am Dom (1566–97)
Unten: KOPF DES MOSE. Die Hörner gehen auf eine falsche Übersetzung des hebräischen Textes durch die Vulgata zurück, die anstatt von „Strahlen", die vom Haupt des Mose ausgingen, von „Hörnern" sprach. Infolgedessen wurde Mose vom 12. bis 16. Jahrhundert gehörnt dargestellt. Dann wurde eine solche Darstellung offiziell verboten.

SÜDLICHES SEITENSCHIFF NACH WESTEN. An der Wand die gelben und roten Steine der ersten und zweiten Bauphase mit dem Epitaph für die beiden letzten Domherrn des Stiftes Ernst von Bünsow (gest. 1667) und Hinrich Hoinckhusen (gest. 1683). Davor ein gotisches Sängerpult aus dem 15. Jahrhundert.

PFEILERREIHE zum südlichen Seitenschiff

TEILANSICHT DER WESTWAND AM SÜDLICHEN QUERHAUS mit gelb-rot gewölbtem Eingang ins südliche Seitenschiff. Darüber Fensternische mit gekuppelten Rundbogenöffnungen.

PFEILERSOCKEL mit lübischer Kante. Die Pfeiler, die das Mittelschiff von den Seitenschiffen trennen, zeigen kunstvoll behandelte Kanten und Sockel. Da die großen sächsischen Bauten der Harzlandschaft, vor allem Königslutter, anfangs auf Ratzeburg einwirkten, zeigen die östlichen Pfeiler des ersten und zweiten Bauabschnitts die sogenannte sächsische Kante. Im Verlauf des Baus finden wir in der Mitte die dänische und im Westen die reich gegliederte lübische Kante.

„BAUNAHT“ an der Südwand und Obergadenfenster mit Schachbrettmuster. – Die roten Steine der zweiten Bauphase (1180–1200) werden in der dritten Bauphase (1200–1210), als man das Langhaus vollendet und überwölbt, von gelben Steinen abgelöst.

MITTELSCHIFF NACH WESTEN. Orgel von Rieger-Schwarzach/Vorarlberg (1978). 60 Register, 4 Manuale, vollmechanisch. Rose mit Fenstern von W. Buschulte (Stiftung der Familie von Bülow zum Gedächtnis ihrer Toten in den beiden Weltkriegen) 1969. Rechts vorn Bronzetaufe von 1440, Stiftung des Bischofs Paridam v. d. Knesebeck (1431–1440). Eine Taufschüssel von 1648 aus der Bäker Kupfermühle befindet sich in der Kunstkammer. Bronzener Osterleuchter von Fritz Fleer 1967. Das Lesepult (links im Bild) von Karl-Heinz Goedke 1975. Der Kronleuchter in der Mitte des Langhauses ist eine Stiftung aus dem Vermächtnis des Domdechanten Hartwig von Bülow (1674).

SÜDLICHES SEITENSCHIFF NACH OSTEN. Im Hintergrund Schmerzensmann. Zur Rechten Grabstein des Bischofs Johann Stalkoper (1466–1479), Epitaph Elisabet von Parkentin (gest. 1624) von G. J. Titge und Lauenburger Chor (wahrscheinlich Titge).

SCHMERZENSMANN („Christus auf der Rast"). Spätgotisch, 15. Jh. – Das stark beschädigte Andachtsbild, das abgestellt auf dem Turmboden lag, ist heute Mittelpunkt der Gedenkstätte für die Gefallenen der Domgemeinde. – SPÄTGOTISCHES HOLZRELIEF „Schweißtuch der Veronika" (?), renoviert 1638.

DETAIL AUS DEM EHEMALIGEN HOCHALTAR von G. J. Titge. Marmor, Alabaster und Sandstein. 1629 im Hohen Chor errichtet, jetzt am südlichen Querhausarm. – Abendmahl, darüber Kreuzigung mit Moses und Johannes dem Täufer. Darüber Stiftungstafel des Probsten Hartwig von Parkentin. Links davon die Geburt Christi, rechts Auferstehung.

LAUENBURGER CHOR (1370–80) mit Chorschranke (1637). Einzige erhalten gebliebene Seitenkapelle des Domes. Begräbnisstätte der Lauenburger und herzogliches Gestühl. Wendeltreppe zum Obergeschoß. – Brüstung wahrscheinlich von G. J. Titge in manieristischem Knorpelstil. Reich geschmückt mit Wappen und Figuren. An der linken Seite Grabstein des Herzogs Johann von Sachsen-Lauenburg (gest. 1507) und seiner Gemahlin Dorothea Prinzessin von Brandenburg († 1519). Zur Rechten Gedenktafel für den in den letzten Kriegstagen 1945 umgekommenen Grafen Bernstorff-Stintenburg (beides nicht im Bild).

NÖRDLICHES SEITENSCHIFF NACH OSTEN. Links Grabstein des Bischofs Vollrat v. d. Dorne (1335–1355), Epitaph des Domdechanten Andreas v. Stralendorff (gest. 1610) von G. J. Titge. – Im Hintergrund Pietà, ehemals Ratzeburg, jetzt Leihgabe des Museums für Kunst und Gewerbe Hamburg (15. Jh.). – Links davon Ansverustafel mit Vita des Heiligen, erneuert 1681 (nicht im Bild).

KAPITELSAAL AM ÖSTLICHEN KREUZGANG. 13. Jh. – Später Druckerei, Domschule und Bibliothek. Heute Vortragssaal und Arbeitsraum für das Domarchiv und den Domchor.

EPITAPH des Herzogs August von Sachsen-Lauenburg (1577–1656) und der Herzogin Catharina Gräfin zu Oldenburg-Delmenhorst (1582–1644). Errichtet 1649 nach dem Tod der Herzogin im Hohen Chor, jetzt am nördlichen Querhausarm. Größtes und bedeutendstes Epitaph des sogenannten Knorpelstils zwischen Manierismus und Hochbarock.

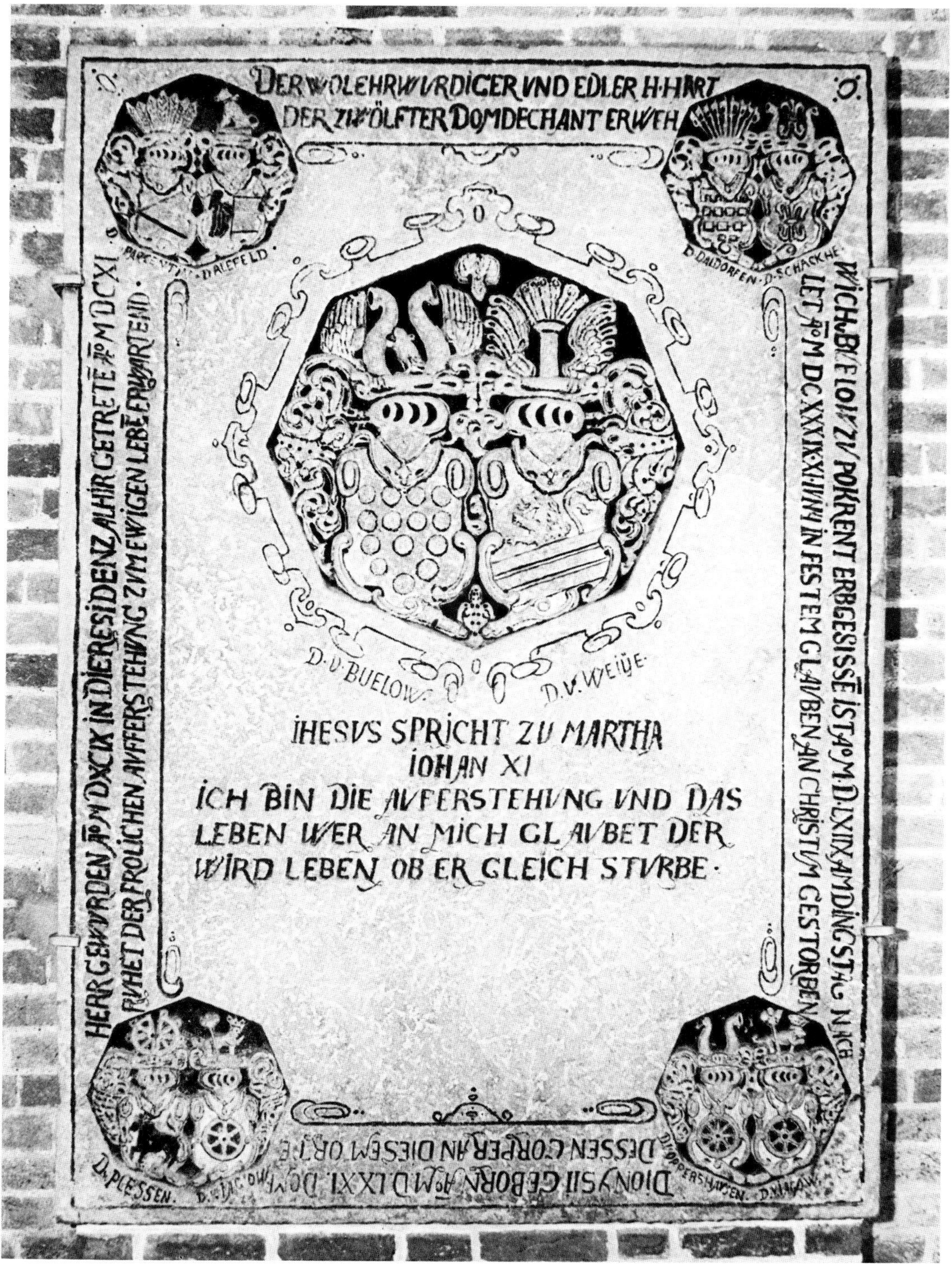

GRABSTEIN des Domdechanten Hartwig von Bülow (1569–1639) in der nordöstlichen Seitenapsis. In der Mitte Wappen: Bülow-Weye, in den Ecken: Parkentin-Ahlefeld/Daldorff-Schack/Plessen-Jagow/Oppershausen-Jagow.

GRABPLATTE des zehnten Bischofs Ulrich von Blücher (1257–1284). Unter ihm wurde das Domkloster mit dem Kreuzgang gebaut und das Lehensland Boitin freigekauft.

ROMANISCHES CHORGESTÜHL. Ende 12. Jh. Die 10 noch erhaltenen Wangen des ersten Chorgestühls sind von größtem Seltenheitswert. Das Gestühl wurde 1648 abgebrochen und zersägt, die Wangen als Fußstützen verwendet. Bei der Restaurierung von 1876/81 hat man die Stücke wieder entdeckt und zusammengefügt.

WANGEN DES GOTISCHEN DREISITZES (Levitengestühl) im Chor. Eiche. 1. Hälfte 14. Jh. Reliefdarstellung: WURZEL JESSE (Stammbaum Christi) und BISCHOFSGESTALT unter den Wurzeln einer Eiche.

WURZEL JESSE. Segnender Christus mit Prophetengestalten.

ABENDMAHLSGERÄTE. Silberner, vergoldeter KELCH, etwa 1370, mit Inschrift: „bertoldus de ritzerowe me contulit orate pro eo". – Silberner, vergoldeter KELCH auf sechspassigem Fuß, Inschrift: „DNS + ANSVERUS + SCIPMA + CANO + RACEBURGEN + FUNDATOR + PNTIS + VICARIE + ME + FIERI + FECIT + ANNO 1536" (Arbeit des Lübecker Goldschmieds I. Isermann). – Silberne, vergoldete DECKELKANNE um 1580, mit reichen Renaissance-Ornamenten. Auf dem Deckel Inschrift: Ursula van Büllow 1604.

ALTE UND NEUE PARAMENTIK AM DOM. Detail aus einem MESSGEWAND (Casel) des 15. Jh. (Kunstkammer). Detail von einem ALTARANTEPENDIUM (Gobelin) aus der Ratzeburger Paramentenwerkstatt (1960).

STEINIGUNG DES ANSVERUS UND SEINER GEFÄHRTEN. H. v. d. Kroghe. Spätgotisch 1483. Bei der letzten Restaurierung unter darüber genagelten Bildern wieder entdeckt und freigelegt.

PASSIONSTAFEL. KREUZIGUNG

DETAIL AUS DEM APOSTELSCHREIN. Die Apostel Judas Thaddäus, Thomas und Simon und die Hl. Barbara.

APOSTELSCHREIN. Ehemaliger spätgotischer Schnitzaltar um 1490 aus der Lübecker Werkstatt Hermann Rodes mit Malereien von Hinrich van dem Kroghe. Früher „in media ecclesia", vor dem Lettner stehend, wurde er bei der Plünderung 1552 stark zerstört. Domdechant Hartwig von Bülow ließ ihn 1634 wiederherstellen. Er fügte in das zerstörte Mittelfeld ein altes Passionsrelief ein und umgab es mit Silberfiguren von Christus und den 12 Aposteln. Das Ganze war von einem prunkvollen Barockaufbau, wohl von Titge, umrahmt (heute in der Kunstkammer) und trug folgende, wenig christliche Unterschrift: „Wer an diesem, zu Gottes Ehren, dieser Kirchen Zierde, und Dankbarkeit allhier aufgerichtetem und geheiligtem Werke das geringste wissentlich besudelt, zerbricht, verletzet oder davon entwendet, der sei verflucht an allen seinen Gliedmaßen, an allen seinen Gütern, an allen Orten und zu allen Zeiten, und dieser Fluch bleibe kräftig, wenn schon einer sagen würde: der Segen des Herrn sei über dich." – Die Altarflügel zeigen zum Beschauer 16 Schnitzfiguren, in jeder Reihe jeweils drei Apostel und eine Heiligenfigur. Links oben (3. v. l.) Ansver, darunter Katharina, auf der rechten Seite die Mutter Gottes und Barbara. Auf den Rückseiten des zweiflügeligen Altars sind außen und innen Reste von Tafelbildern H. v. d. Kroghes. Sie wurden 1634 z. T. durch Leinwand- und Kupfertafeln mit Bildern aus dem Leben Christi verdeckt, unter denen man sie 1966 entdeckte. – Vor der Altarmensa Antependium der Ratzeburger Paramentenwerkstatt.

DETAIL AUS DEM APOSTELSCHREIN. Heilige Katharina und die Apostel Matthäus und Philippus.

PASSIONSTAFEL VOM APOSTELSCHREIN. Sandstein, um 1430. Figurenreiche Darstellung der Kreuztragung, Kreuzigung, Grablegung und Auferstehung. – Wahrscheinlich Lübecker Arbeit mit westfälischen Einflüssen. Ähnliche Relieftafeln im St.-Annen-Museum Lübeck (Schwartauer Altar), in Anklam und im Schweriner Dom.

PASSIONSTAFEL. TRAUERNDE FRAUEN UND JOHANNES UNTER DEM KREUZ

PASSIONSTAFEL. GRABLEGUNG

NÖRDLICHER KREUZGANG. WANDMALEREI. Mitte 14. Jh. Der Kreuzgang mit seinen Fresken wurde 1977 vom Verein der Freunde des Ratzeburger Domes grundlegend restauriert. In 6 Wandblenden wird das apostolische Glaubensbekenntnis dargestellt. Links die Apostel, auf ihren Schriftbändern der Wortlaut des Credo. Rechts Propheten mit Verheißungen auf dem Schriftband. Sie verweisen auf die Darstellungen der Heilsgeschichte in der Mitte. Vorletzte Blende: 3. Artikel.
Oberes Bild: Ecclesia catholica. Der Priester mit der Elevation der Hostie in der Hl.-Meß-Handlung. Lks. Matthias (... die heilige katholische Kirche, die Gemeinschaft der Heiligen). Re. Maleachi (Sie werden alle den Namen des Herrn anrufen).
Unteres Bild: Remissio peccatorum. Darstellung einer allgemeinen Beichte mit der Absolution durch den Bischof. Lks. Simon (... Vergebung der Sünden). Re. Micha (Er wird sich unser erbarmen und abtun unsere Ungerechtigkeit).

Oben: SAKRISTEI. Ältester Bauteil, um 1170. In der Wandnische eine Piscina, die noch einen Ausfluß auf den gewachsenen Erdboden hat. Dort wurde der nicht gebrauchte Meßwein ausgegossen, damit die Erde, wie auf Golgatha, das Blut Christi trinken sollte. Das Rundglasfenster aus dem Jahre 1986 ist von Doris Kümmell entworfen und von der Fa. Oidtmann, Werkstätten für Glasmalereien in Linnich, ausgeführt.

NÖRDLICHER KREUZGANG. Um 1300. In 6 Wandblenden Darstellung des apostolischen Glaubensbekenntnisses mit Aposteln und Propheten. Bischofsdarstellungen mit Wappen (Mitte 14. Jh., vgl. S. 70).

Unten: ÖSTLICHER KREUZGANG. Ab 1251. Das Domkloster mit seinen weitgehend bewahrten überwölbten Erdgeschoßräumen mit Kreuzgang und Klosterhof gehört zu den bedeutendsten Klosterbauten des späten 13. Jh. im Norden. An der linken Kreuzgangwand eine lateinische Inschrift, die besagt, daß 1251 die Brüder zu Ratzeburg den ersten Stein dieses Werkes gelegt. – Am westlichen Kreuzgang Inschrift mit der Jahreszahl 1259 für den dortigen Baubeginn (s. S. 25). An der Westfassade des nördlichen Kapitelhauses Inschrift, daß 1261 der Bau des Refektoriums begonnen wurde. – Im östlichen Kreuzgang Aufgang zum Dormitorium und Eingang zum Kapitelsaal. Im Hintergrund gotische Tür zum nördlichen Querschiff des Domes.

A.-PAUL-WEBER-HAUS. Alte Domkurie, später Bouchholtz/Nonnigsches Haus. Vor dem Fachwerkbau des 17. Jh. klassizistisch verputzte Fassade. Innen schöne Diele mit Treppenaufgang und zwei dorischen Holzsäulen. Ab 1971 im Besitz des Kreises Herzogtum Lauenburg. Es enthält heute eine bedeutende Sammlung von Graphiken und Gemälden A. Paul Webers.

HERRENHAUS AM DOMHOF. 1764–66. Nach der Säkularisierung des Bistums Ratzeburg im Westfälischen Frieden kaufte Herzog Adolf Friedrich I. von Mecklenburg eine ehemalige Domkurie am Palmberg als fürstliches Absteigequartier. Sein Sohn Christian Louis baute dort 1660 das erste „Fürstliche Haus", ein prunkvolles Renaissanceschloß, das aber nach 100 Jahren schon wegen Baufälligkeit abgerissen werden mußte. An seiner Stelle wird unter Herzog Adolf Friedrich IV. von Mecklenburg-Strelitz, Reuters „Dörchläuchting", von seinem Oberhauptmann F. W. von dem Knesebeck das heutige Herrenhaus erbaut. Es diente höheren Beamten des Fürstentums und 130 Jahre lang den Dompröbsten als Wohnung. Seit dem 30. 9. 1973 ist es ein repräsentatives Museum des Kreises Herzogtum Lauenburg geworden.

Das Herrenhaus ist eine schloßartige Anlage mit einem von ehemaligen Wagenremisen und Pferdeställen flankierten Ehrenhof. Im steilen Giebeldreieck das Wappen von Mecklenburg-Strelitz mit Stier und Greif als Wappenhalter. In allen drei Gebäuden befinden sich heute die Sammlungen des Kreises: Im linken Seitengebäude das Archiv, die Bibliothek und eine alte Apotheke. Im Hauptgebäude mit edlen Rokokoräumen ist im Eingang eine schöne Halle, der Gartensaal und der ehemalige Speisesaal. In der Küche ist noch ein großer alter Rauchfang vorhanden. Daneben die vorgeschichtliche Abteilung und eine sehenswerte Petrefaktensammlung. Im Untergeschoß befinden sich außerdem die musealen Sammlungen der „Stiftung Mecklenburg".
Im Mittelteil des Obergeschosses erstreckt sich von Ost nach West durchgehend der große Festsaal, in dem einst die Lauenburgische Ritterschaft den dänischen Kronprinzen nach seiner Hochzeit mit einer mecklenburg-strelitzschen Prinzessin empfing. – Im Obergeschoß befinden sich außerdem die Abteilung Wohnkultur sowie die Lauenburg- und Ratzeburgabteilung. – Im rechten Seitengebäude sind die reichhaltigen landwirtschaftlichen Sammlungen untergebracht. – Der große Saal dient heute den Sitzungen des Kreistags sowie Konzerten und Veranstaltungen aller Art. Hier steht auch eine wertvolle Stumm-Orgel aus dem Jahr 1718.

HERZOG CHRISTIAN LOUIS VON MECKLENBURG (1623–1692). Erbauer des ersten „Fürstlichen Hauses" auf dem Domhof. Er trat 1663 zum katholischen Glauben über und heiratete eine Französin. – Das Bild schenkte er seiner von ihm sehr geliebten Domkirche. Es befand sich bis 1973 im Dom und hängt jetzt als Leihgabe der Domgemeinde in der Eingangshalle des Herrenhauses.

HERRENHAUS, HALLE. Große quadratische Diele mit schönem Steinfußboden. Von ihr führen beiderseits rechtwinklig umbiegende Treppen zum Obergeschoß. Hier hängt zur Linken das Porträt Christian Louis (1662) und über dem Eingang zum Gartensaal das Porträt Georgs II., Königs von Großbritannien (1724–1760) und Kurfürst von Hannover. (Das Herzogtum Lauenburg gehörte von 1705–1803 zu Hannover.)

HERRENHAUS, GARTENSAAL. Repräsentativer Raum mit schmalen Rokoko-Wandfeldern, Ofennischen und drei Supraporten mit Allegorien der Fischerei, der Jagd und des Gartenbaus. – Von hier aus führt eine Tür in den Garten, der sich terrassenförmig zum See hin erstreckt.

HERRENHAUS, STIFTUNG MECKLENBURG. Der Kreis Herzogtum Lauenburg hat sich die Aufgabe gesetzt, die mecklenburgische Tradition in Ratzeburg lebendig zu erhalten. Seit 1951 hat er die Schirmherrschaft über die großen Heimattreffen der Mecklenburger in der Bundesrepublik übernommen.
Im alten Herrenhaus, dem Sitz der mecklenburgischen Regierungsbeamten im Fürstentum und später der Dompröbste, hat der Kreis mehrere Räume für die Stiftung Mecklenburg, die sich hier im Jahre 1973 konstituierte, zur Verfügung gestellt. Hier befindet sich eine große Bibliothek, eine wertvolle Sammlung seltener Mecklenburgensien, Stiche, Ölbilder und Möbel aus mecklenburgischem Besitz; auch Erinnerungen an den Herzog Adolf Friedrich von Mecklenburg, den letzten Gouverneur von Togo, den großen Afrikaforscher, Rennreiter und ritterlichen Vorkämpfer des olympischen Gedankens. Er war Schirmherr der Mecklenburger in der Bundesrepublik und starb 96jährig in Eutin. An der Südervorhalle des Domes fand er seine letzte Ruhestätte. – Seine Büste befindet sich im Herrenhaus.

STUKKATUREN AUS DEM GROSSEN SAAL IM HERRENHAUS. Die reichen Stuckarbeiten, die zu den schönsten ihrer Art in Schleswig-Holstein gehören, sind von Johann Nepomuk Metz aus der großen süddeutschen Künstlerfamilie. – In den Rahmenflächen zwischen den Pilastern: Schäferembleme und Musikinstrumente. Auf dem Notenblatt rechts findet sich die Signatur des Meisters: J. N. Mez Fecit 1766.

HERRENHAUS, SAAL. Der große Rokokosaal im Obergeschoß mit prachtvollen Stuckarbeiten an Decke und Wänden ist an den Schmalseiten durch drei Fenster, an den Längsseiten durch je einen Kamin und zwei Türen gegliedert. Er wurde 1971–73 wiederhergestellt und dient heute dem Kreis für repräsentative Veranstaltungen aller Art. Nach beiden Seiten öffnet er sich zu zwei kleineren Räumen mit schönen Eckkaminen, Einbauschränken, Stucksupraporten, Stuckfeldern und einer reichen Rokokodecke.

ORGANISTENHAUS. 1644. Alte Kaplanei, Fachwerkbau des 17. Jh. mit Haustür im Zopfstil.

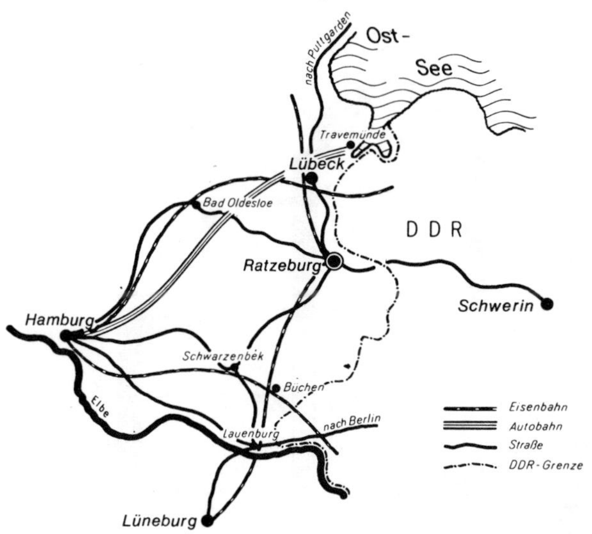

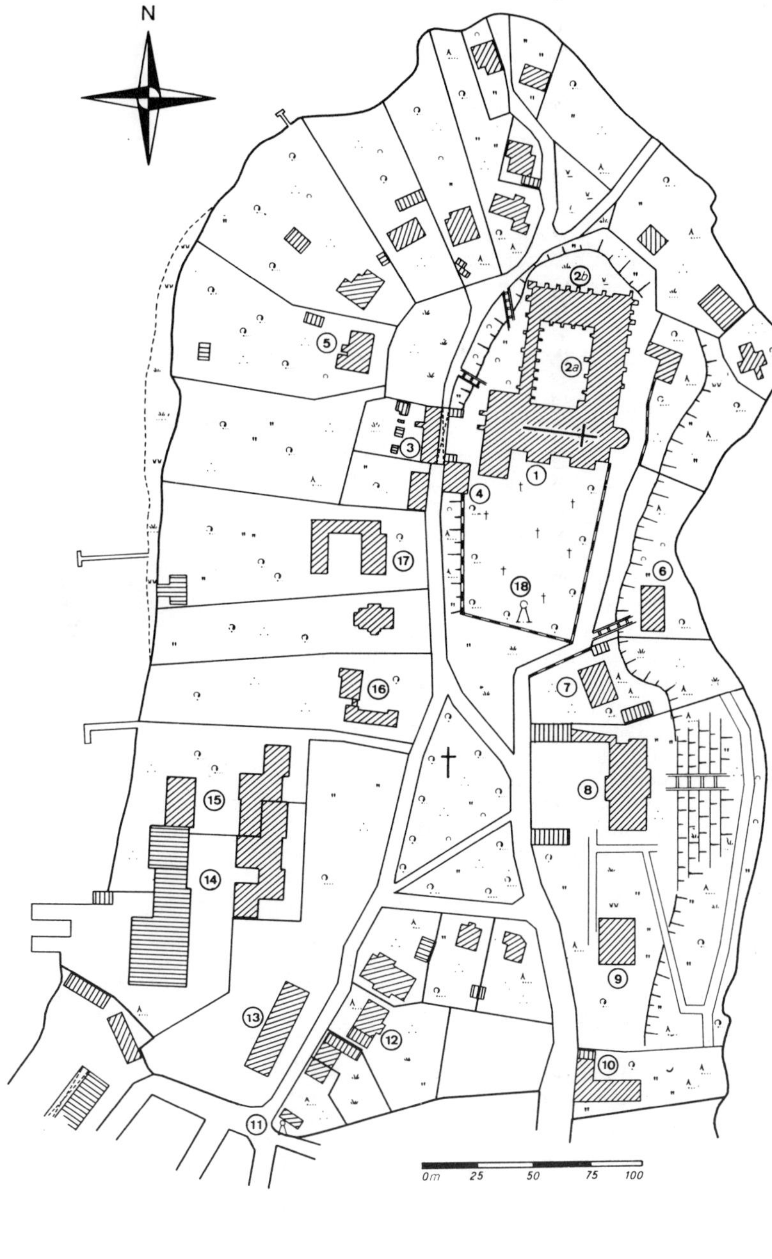

1 Dom
2a und b Östliches und nördliches Kapitelhaus
3 Steintor
4 Bischofsherberge
5 Ehemalige Domprobstei
6 Hospital
7 Organistenhaus
8 Herrenhaus
9 A. Paul Weber-Haus
10 Ehemalige Domapotheke
11 Heinrichstein
12 Predigerwitwenhaus
13 Alte Domkaserne
14 Ruderakademie
15 Europäisches Jugendzentrum
16 Neue Domprobstei
17 Domkurie (Jugendaufbauwerk)
18 Löwe

1 Vorhalle (1215) mit Vierpaßpfeiler, Gründungstafel, got. Kruzifix und Becker-Positiv (1970)
2 Hauptportal um 1210
3 Westfenster mit Rose von W. Buschulte (Bülowstiftung 1970). Davor Riegerorgel (1978), 4 Manuale, 60 Register
4 Madonna (Mitte 15. Jh.), Leihgabe Museum f. Kunst u. Gewerbe Hbg., früher Ratzeburg
5 Kreuzigungsgruppe (spätgotisch)
6 Pfeiler mit lübischer (a), dänischer (b) und sächsischer (c) Kante
7 Bülow-Kronleuchter (1674)
8 Baunaht in der Fensterzone (um 1180/85)
9 Kanzel (1576)
10 Triumphkreuz (um 1260)
11 Evangelienpult von K. H. Goedtke (1975), (Stiftung Mecklenburgische Johanniter)
11a Taufe (1440) mit Osterleuchter von Fleer (1967)
12 Wangen des romanischen Chorgestühls (12. Jh.)
12a Vierungsorgel (1972)
13 Dreisitz (Ende 14. Jh.) mit Wangen: Wurzel Jesse und Bischofsgestalt
14 Älteste Bischofsgrabsteine im Chorboden
15 Hochaltar mit Apostelschrein, Passionstafel und Salvator Mundi (15./17. Jh.)
16 Dreisitz (15. Jh.)
17 Ansverustafel (1681)
18 Pietà (15. Jh.) Museum f. Kunst u. Gewerbe Hbg., früher Ratzeburg
19 Sakristei (um 1170)
20 Lauenburgisches Herzogsepitaph von G. J. Titge (1649)
21 Bischofsgrabstein (1284), weitere in den Seitenschiffen
22 Östlicher Kreuzgang
23 Domherrenwappen (1648)
24 Gotisches Portal (um 1300) zum westlichen Kreuzgang, darüber freigelegtes Seitenschiffenster
25 Kunstkammer mit Bischofsgewändern (15. Jh.), Taufumrandung (1577) u. a.
26 Fenster (um 1880) H. d. Löwe und Friedr. Wilhelm v. Meckl.-Strel. mit ihren englischen Gemahlinnen
27 Lauenburger Chor (Ende 14. Jh.) mit Schranke (1637)
28 Sängerpult (spätgotisch)
29 Ehemaliger Hochaltar (1629) von G. J. Titge
30 Schmerzensmann (15. Jh.) mit Gedenktafeln
31 Ansatz der ehemaligen Seitenapsiswölbung und romanisches Weihekreuz

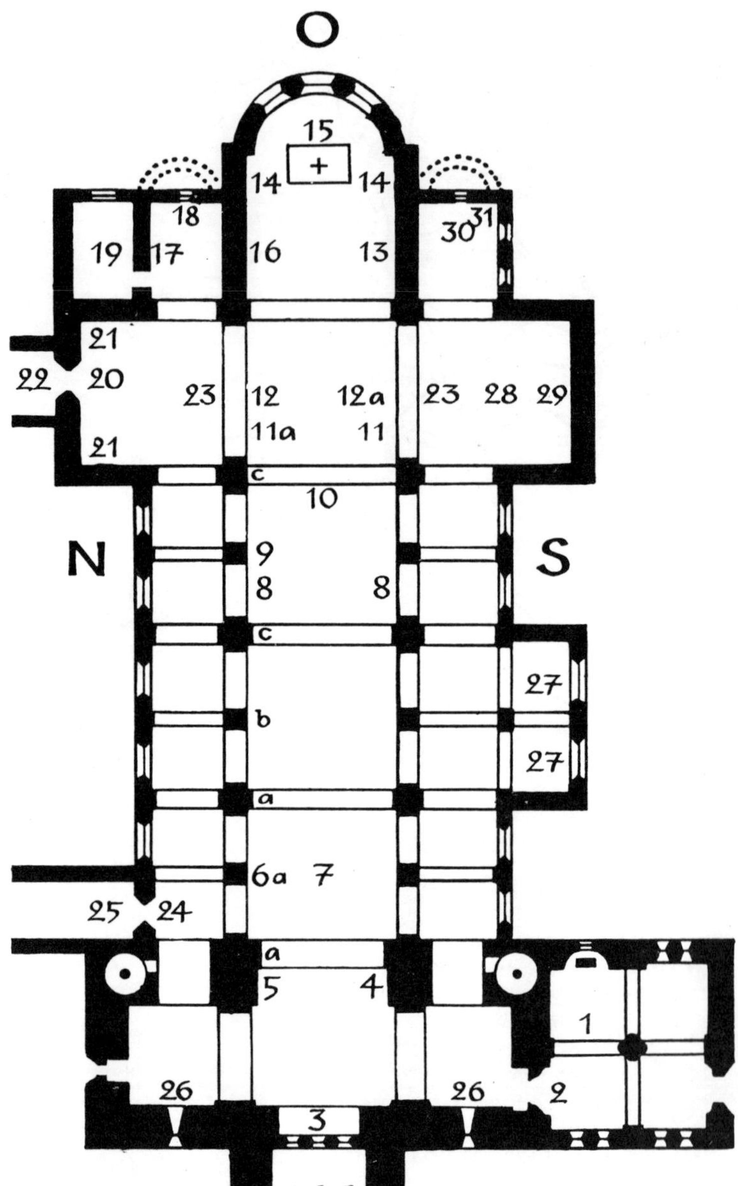

Maße des Ratzeburger Domes

Länge des Hauptschiffes	60,57 m
Ganze Länge der Kirche	64,44 m
Länge des Hauptschiffes bis zum Querschiff	37,17 m
Breite des Hauptschiffes	8,28 m
Breite des Querschiffes	8,28 m
Länge des Querschiffes	31,37 m
Breite der Seitenschiffe	4,28 m
Ganze Breite der Kirche mit der Kapelle	29,43 m
Breite der Kirche ohne die Kapelle	22,57 m
Größte Höhe des Hauptschiffes	17,29 m
Größte Höhe der Seitenschiffe	8,28 m
Ganze Höhe der Kirche bis zum Dachfirst	26,00 m
Höhe des Hauptschiffes bis zum Hauptgesims	15,16 m
Höhe des Kruzifixes über dem Chor	5,71 m
Turmhöhe	46,82 m